Fragmento de uma análise de histeria
[O caso Dora]

Livros de Freud publicados pela **L&PM** EDITORES

Além do princípio de prazer
Compêndio da psicanálise
Da história de uma neurose infantil [O Homem dos Lobos]
Fragmento de uma análise de histeria [O caso Dora]
Inibição, sintoma e medo
A interpretação dos sonhos
O futuro de uma ilusão
O homem Moisés e a religião monoteísta
O mal-estar na cultura
Psicologia das massas e análise do eu
Sobre a psicopatologia da vida cotidiana
Totem e tabu

L&PMCLÁSSICOS**MODERNOS**
O futuro de uma ilusão seguido de *O mal-estar na cultura*

Série Ouro:
A interpretação dos sonhos

Livros relacionados

Freud – Chantal Talagrand e René Major
   (**L&PM** POCKET Biografias)

A interpretação dos sonhos (MANGÁ)

Sigmund Freud – Paulo Endo e Edson Sousa
   (**L&PM** POCKET **ENCYCLOPAEDIA**)

SIGMUND FREUD

Fragmento de uma análise de histeria
[O caso Dora]

Tradução do alemão de RENATO ZWICK
Apresentação de NOEMI MORITZ KON
Ensaio biobibliográfico de PAULO ENDO *e* EDSON SOUSA

L&PM EDITORES

Texto de acordo com a nova ortografia.
Título original: *Bruchstück einer Hysterie-Analyse*

Tradução: Renato Zwick
Tradução baseada no vol. 6 da *Freud-Studienausgabe*, 11. ed., Frankfurt am Main, Fischer, 2013, p. 87-186.
Apresentação: Noemi Moritz Kon
Ensaio biobibliográfico: Paulo Endo e Edson Sousa
Capa: Ivan Pinheiro Machado sobre foto de Sigmund Freud
Revisão: Patrícia Yurgel

CIP-Brasil. Catalogação na publicação
Sindicato Nacional dos Editores de livros, RJ

F942f

Freud, Sigmund, 1856-1939
 Fragmento de uma análise de histeria: [o caso Dora] / Sigmund Freud; tradução Renato Zwick; apresentação Noemi Moritz Kon; ensaio biobibliográfico Paulo Endo; Edson Sousa. – Porto Alegre: L&PM, 2019.
 192 p. ; 21 cm.

 Tradução de: *Bruchstück einer Hysterie-Analyse*
 ISBN 978-85-254-3861-4

 1. Histeria - Estudo de casos. 2. Psicanálise - Estudo de casos. I. Zwick, Renato. II. Kon, Noemi Moritz. III. Endo, Paulo. IV. Sousa, Edson. III. Título.

19-56424   CDD: 616.8524
           CDU: 616.891.2

Meri Gleice Rodrigues de Souza - Bibliotecária CRB-7/6439

© da tradução, ensaios e notas, L&PM Editores, 2019
Todos os direitos desta edição reservados a L&PM Editores
Rua Comendador Coruja, 314, loja 9 – Floresta – 90.220-180
Porto Alegre – RS – Brasil / Fone: 51.3225.5777
PEDIDOS & DEPTO. COMERCIAL: vendas@lpm.com.br
FALE CONOSCO: info@lpm.com.br
www.lpm.com.br

Impresso no Brasil
Primavera de 2019

Sumário

Itinerário para uma leitura de Freud
Paulo Endo e Edson Sousa 7

Apresentação
Revisitando Dora
Noemi Moritz Kon 17

Fragmento de uma análise de histeria [O caso Dora]

Prefácio 39
I – O quadro clínico 49
II – O primeiro sonho 112
III – O segundo sonho 150
IV – Posfácio 173

Bibliografia 187

Colaboradores desta edição 190

Itinerário para uma leitura de Freud

Paulo Endo e Edson Sousa

Freud não é apenas o pai da psicanálise, mas o fundador de uma forma muito particular e inédita de produzir ciência e conhecimento. Ele reinventou o que se sabia sobre a alma humana (a psique), instaurando uma ruptura com toda a tradição do pensamento ocidental, a partir de uma obra em que o pensamento racional, consciente e cartesiano perde seu lugar exclusivo e egrégio. Seus estudos sobre a vida inconsciente, realizados ao longo de toda a sua vasta obra, são hoje referência obrigatória para a ciência e para a filosofia contemporâneas. Sua influência no pensamento ocidental é não só incontestecomo não cessa de ampliar seu alcance, dialogando com e influenciando as mais variadas áreas do saber, como a filosofia, as artes, a literatura, a teoria política e as neurociências.

Sigmund Freud (1856-1939) nasceu em Freiberg (atual Příbor), na região da Morávia, hoje parte da República Tcheca, mas àquela época parte do Império Austríaco. Filho de Jacob Freud e de sua terceira esposa, Amália Freud, teve nove irmãos – dois do primeiro casamento do pai e sete do casamento entre seu pai e sua mãe. Sigmund era o filho mais velho de oito irmãos e era sabidamente adorado pela mãe, que o chamava de "meu Sigi de ouro".

Em 1860, Jacob Freud, comerciante de lãs, mudou-se com a família para Viena, cidade onde Sigmund Freud residiria até quase o fim da vida, quando teria de se exilar em Londres, fugindo da perseguição nazista. De família pobre, formou-se em medicina em 1882. Devido a sua precária situação financeira, decidiu ingressar imediatamente na clínica médica em vez de se dedicar à pesquisa, uma de suas grandes paixões. À medida que se estabelecia como médico, pôde pensar em propor casamento para Martha Bernays. Casaram-se em 1886 e tiveram seis filhos: Mathilde, Martin, Oliver, Ernst, Sophie e Anna.

Embora o pai tenha lhe transmitido os valores do judaísmo, Freud nunca seguiu as tradições e os costumes religiosos; ao mesmo tempo, nunca deixou de se considerar um judeu. Em algumas ocasiões, atribuiu à sua origem judaica o fato de resistir aos inúmeros ataques que a psicanálise sofreu desde o início (Freud aproximava a hostilidade sofrida pelo povo judeu ao longo da história às críticas virulentas e repetidas que a clínica e a teoria psicanalíticas receberam).

A psicanálise surgiu afirmando que o inconsciente e a sexualidade eram campos inexplorados da alma humana, na qual repousava todo um potencial para uma ciência ainda adormecida. Freud assumia, assim, seu propósito de remar contra a maré.

Médico neurologista de formação, foi contra a própria medicina que Freud produziu sua primeira ruptura epistêmica. Isto é: logo percebeu que as pacientes histéricas, afligidas por sintomas físicos sem causa aparente, eram, não raro, tratadas com indiferença médica e negligência no ambiente hospitalar. A histeria pedia, portanto, uma nova inteligibilidade, uma nova ciência.

A característica, muitas vezes espetacular, da sintomatologia das pacientes histéricas de um lado e, de outro, a impotência do saber médico diante desse fenômeno impressionaram o jovem neurologista. Doentes que apresentavam paralisia de membros, mutismo, dores, angústia, convulsões, contraturas, cegueira etc. desafiavam a racionalidade médica, que não encontrava qualquer explicação plausível para tais sintomas e sofrimentos. Freud então se debruçou sobre essas pacientes; porém, desde o princípio buscava as raízes psíquicas do sofrimento histérico e não a explicação neurofisiológica de tal sintomatologia. Procurava dar voz a tais pacientes e ouvir o que tinham a dizer, fazendo uso, no início, da hipnose como técnica de cura.

Em 1895, é publicado o artigo inaugural da psicanálise: *Estudos sobre a histeria*. O texto foi escrito com o médico Josef Breuer (1842-1925), o primeiro parceiro de pesquisa de Freud. Médico vienense respeitado e erudito, Breuer reconhecera em Freud um jovem brilhante e o ajudou durante anos, entre 1882 e 1885, inclusive financeiramente. *Estudos sobre a histeria* é o único material que escreveram juntos e já evidencia o distanciamento intelectual entre ambos. Enquanto Breuer permanecia convicto de que a neurofisiologia daria sustentação ao que ele e Freud já haviam observado na clínica da histeria, Freud, de outro modo, já estava claramente interessado na raiz sexual das psiconeuroses – caminho que perseguiu a partir do método clínico ao reconhecer em todo sintoma psíquico uma espécie de hieróglifo. Escreveu certa vez: "O paciente tem sempre razão. A doença não deve ser para ele um objeto de desprezo, mas, ao contrário, um adversário respeitável, uma parte do seu ser que tem boas razões de existir e que lhe deve permitir obter ensinamentos preciosos para o futuro".

Em 1899, Freud estava às voltas com os fundamentos da clínica e da teoria psicanalíticas. Não era suficiente postular a existência do inconsciente, uma vez que muitos outros antes dele já haviam se referido a esse aspecto desconhecido e pouco frequentado do psiquismo humano. Tratava-se de explicar seu dinamismo e estabelecer as bases de uma clínica que tivesse o inconsciente como núcleo. Há o inconsciente, mas como ter acesso a ele?

Foi nesse mesmo ano que Freud finalizou aquele que é, para muitos, o texto mais importante da história da psicanálise: *A interpretação dos sonhos*. A edição, porém, trazia a data de 1900. Sua ambição e intenção ao usar como data de publicação o ano seguinte era de que esse trabalho figurasse como um dos mais importantes do século XX. De fato, *A interpretação dos sonhos* é hoje um dos mais relevantes textos escritos no referido século, ao lado de *A ética protestante e o "espírito" do capitalismo*, de Max Weber, *Tractatus Logico-Philosophicus*, de Ludwig Wittgenstein, e *Origens do totalitarismo*, de Hannah Arendt.

Nesse texto, Freud propõe uma teoria inovadora do aparelho psíquico, bem como os fundamentos da clínica psicanalítica, única capaz de revelar as formações, tramas e expressões do inconsciente, além da sintomatologia e do sofrimento que correspondem a essas dinâmicas. *A interpretação dos sonhos* revela, portanto, uma investigação extensa e absolutamente inédita sobre o inconsciente. Tudo isso a partir da análise e do estudo dos sonhos, a manifestação psíquica inconsciente por excelência. Porém, seria preciso aguardar um trabalho posterior para que fosse abordado o papel central da sexualidade na formação dos sintomas neuróticos.

Foi um desdobramento necessário e natural para Freud a publicação, em 1905, de *Três ensaios sobre a teoria da sexualidade*. A apresentação plena das suas hipóteses fundamentais sobre o papel da sexualidade na gênese da neurose (já noticiadas nos *Estudos sobre a histeria*) pôde, enfim, vir à luz, com todo o vigor do pensamento freudiano e livre das amarras de sua herança médica e da aliança com Breuer.

A verdadeira descoberta de um método de trabalho capaz de expor o inconsciente, reconhecendo suas determinações e interferindo em seus efeitos, deu-se com o surgimento da clínica psicanalítica. Antes disso, a nascente psicologia experimental alemã, capitaneada por Wilhelm Wundt (1832-1920), esmerava-se em aprofundar exercícios de autoconhecimento e autorreflexão psicológicos denominados de introspeccionismo.

A pergunta óbvia elaborada pela psicanálise era: como podia a autoinvestigação esclarecer algo sobre o psiquismo profundo tendo sido o próprio psiquismo o que ocultou do sujeito suas dores e sofrimentos? Por isso a clínica psicanalítica propõe-se como uma fala do sujeito endereçada à escuta de um outro (o psicanalista).

A partir de 1905, a clínica psicanalítica se consolidou rapidamente e se tornou conhecida em diversos países, despertando o interesse e a necessidade de traduzir os textos de Freud para outras línguas. Em 1910, a psicanálise já ultrapassara as fronteiras da Europa e começava a chegar a países distantes como Estados Unidos, Argentina e Brasil. Discípulos de outras partes do mundo se aproximavam da obra freudiana e do movimento psicanalítico.

 Desde muito cedo, Freud e alguns de seus seguidores reconheceram que a teoria psicanalítica tinha um alcance capaz de iluminar dilemas de outras áreas do conhecimento além daqueles observados na clínica. Um dos primeiros textos fundamentais nesta direção foi *Totem e tabu: algumas correspondências entre a vida psíquica dos selvagens e a dos neuróticos*, de 1913. Freud afirmou que *Totem e tabu* era, ao lado de *A interpretação dos sonhos*, um dos textos mais importantes de sua obra e o considerou uma contribuição para o que ele chamou de psicologia dos povos. De fato, nos grandes textos sociais e políticos de Freud há indicações explícitas a *Totem e tabu* como sendo o ponto de partida e fundamento de suas teses. É o caso de *Psicologia das massas e análise do eu* (1921), *O futuro de uma ilusão* (1927), *O mal-estar na cultura* (1930) e *O homem Moisés e a religião monoteísta* (1939).

 O período em que Freud escreveu *Totem e tabu* foi especialmente conturbado, sobretudo porque estava sendo gestada a Primeira Guerra Mundial, que eclodiria em 1914 e duraria até 1918. Esse episódio histórico foi devastador para Freud e o movimento psicanalítico, esvaziando as fileiras dos pacientes que procuravam a psicanálise e as dos próprios psicanalistas. Importantes discípulos freudianos, como Karl Abraham e Sándor Ferenczi, foram convocados para o front, e a atividade clínica de Freud foi praticamente paralisada, o que gerou dissabores extremos à sua família devido à falta de recursos financeiros. Foi nesse período que Freud escreveu alguns dos textos mais importantes do que se costuma chamar a primeira fase da psicanálise (1895-1914). Esses trabalhos foram por ele intitulados de "textos sobre a metapsicologia", ou textos sobre a teoria psicanalítica. Tais artigos, inicialmente previstos para perfazerem um conjunto de doze, eram parte de um projeto que deveria sintetizar as principais posições teóricas da ciência psicanalítica até então. Em apenas seis semanas, Freud escreveu os cinco artigos que hoje conhecemos como uma espécie de apanhado denso, inovador e consistente de metapsicologia. São eles: "Pulsões e destinos da pulsão", "O inconsciente", "O recalque", "Luto e melancolia" e "Complemento metapsicológico à doutrina dos sonhos". O artigo "Para introduzir o narcisismo", escrito em 1914, junta-se também a esse grupo de textos. Dos doze artigos previstos, cinco não foram publicados, apesar de Freud tê-los concluído: ao que tudo indica, ele os destruiu. (Em 1983, a psicanalista e pesquisadora Ilse Grubrich-Smitis encontrou um manuscrito de Freud, com um bilhete anexado ao discípulo e amigo Sándor Ferenczi, em que identificava "Visão geral das neuroses de transferência" como o 12º ensaio da série sobre metapsicologia. O artigo foi publicado em 1985 e é o sétimo e último texto de Freud sobre metapsicologia que chegou até nós.)

    Após o final da Primeira Guerra e alguns anos depois de ter se esmerado em reapresentar a psicanálise em seus fundamentos, Freud publica, em 1920, um artigo avassalador intitulado *Além do princípio de prazer*. Texto revolucionário, admirável e ao mesmo tempo mal aceito e mal digerido até hoje por muitos psicanalistas, desconfortáveis com a proposição de uma pulsão (ou impulso, conforme se preferiu na presente tradução) de morte autônoma e independente das pulsões de vida. Nesse artigo, Freud refaz os alicerces da teoria psicanalítica ao propor novos fundamentos para a teoria das pulsões. A primeira teoria das pulsões apresentava duas energias psíquicas como sendo a base da dinâmica do psiquismo: as pulsões do eu e as pulsões de objeto. As pulsões do eu ocupam-se em dar ao eu proteção, guarida e satisfação das necessidades elementares (fome, sede, sobrevivência, proteção contra intempéries etc.), e as pulsões de objeto buscam a associação erótica e sexual com outrem.

Já em *Além do princípio de prazer*, Freud avança no estudo dos movimentos psíquicos das pulsões. Mobilizado pelo tratamento dos neuróticos de guerra que povoavam as cidades europeias e por alguns de seus discípulos que, convocados, atenderam psicanaliticamente nas frentes de batalha, Freud reencontrou o estímulo para repensar a própria natureza da repetição do sintoma neurótico em sua articulação com o trauma.

Surge o conceito de pulsão de morte: uma energia que ataca o psiquismo e pode paralisar o trabalho do eu, mobilizando-o em direção ao desejo de não mais desejar, que resultaria na morte psíquica. É provavelmente a primeira vez em que se postula no psiquismo uma tendência e uma força capazes de provocar a paralisia, a dor e a destruição.

Uma das principais consequências dessa reviravolta é a segunda teoria pulsional, que pode ser reencontrada na nova teoria do aparelho psíquico, conhecida como segunda tópica, ou segunda teoria do aparelho psíquico (que se dividiria em ego, id e superego, ou eu, isso e supereu), apresentada no texto *O eu e o id*, publicado em 1923. Freud propõe uma instância psíquica denominada supereu. Essa instância, ao mesmo tempo em que possibilita uma aliança psíquica com a cultura, a civilização, os pactos sociais, as leis e as regras, é também responsável pela culpa, pelas frustrações e pelas exigências que o sujeito impõe a si mesmo, muitas delas inalcançáveis. Daí o mal-estar que acompanha todo sujeito e que não pode ser inteiramente superado.

Em 1938, foi redigido o texto *Compêndio da psicanálise*, que seria publicado postumamente em 1940. Freud pretendia escrever uma grande síntese de sua doutrina, mas faleceu no exílio londrino em setembro de 1939, após a deflagração da Segunda Guerra Mundial, antes de terminá--la. O *Compêndio* permanece, então, como uma espécie de inacabado testamento teórico freudiano, indicando a incompletude da própria teoria psicanalítica que, desde então, segue se modificando, se refazendo e se aprofundando.

É curioso que o último grande texto de Freud, publicado em 1939, tenha sido *O homem Moisés e a religião monoteísta*, trabalho potente e fundador que reexamina teses historiográficas basilares da cultura judaica e da religião monoteísta a partir do arsenal psicanalítico. Essa obra mereceu comentários de grandes pensadores contemporâneos como Josef Yerushalmi, Edward Said e Jacques Derrida, que continuaram a enriquecê-la, desvelando não só a herança judaica muito particular de Freud, por ele afirmada e ao mesmo tempo combatida, mas também o alcance da psicanálise no debate sobre os fundamentos da historiografia do judaísmo, determinante da constituição identitária de pessoas, povos e nações.

Esta breve anotação introdutória é certamente insuficiente, pois muito ainda se poderia falar de Freud. Contudo, esperamos haver, ao menos, despertado a curiosidade no leitor, que passará a ter em mãos, com esta coleção, uma nova e instigante série de textos de Freud, com tradução direta do alemão e revisão técnica de destacados psicanalistas e estudiosos da psicanálise no Brasil.

Ao leitor, só nos resta desejar boa e transformadora viagem.

Apresentação
Revisitando Dora
Noemi Moritz Kon

As grandes narrativas clínicas de Freud

Dentre os casos clínicos apresentados por Freud ao longo de sua obra, cinco narrativas foram objeto de uma análise mais aprofundada e tiveram a função principal de demonstrar à comunidade científica a validade e as vantagens da utilização de seu método investigativo e psicoterapêutico, configurado e estabelecido, então, como teoria psicológica e psicopatológica. São elas: *Fragmento de uma análise de histeria* [*O caso Dora*] (1905), *Análise da fobia de um menino de cinco anos* [*O Pequeno Hans*] (1909), *Notas sobre um caso de neurose obsessiva* [*O Homem dos Ratos*] (1909), *Observações psicanalíticas sobre um caso de paranoia descrito autobiograficamente* [*O caso Schreber*] (1911) e *Da história de uma neurose infantil* [*O Homem dos Lobos*] (1918).

Mais do que apenas um método original de investigação e de tratamento, o projeto de Freud cria um novo homem com uma nova inteligibilidade: o "homem psicanalítico", dotado de um aparelho psíquico inédito, composto por diferentes instâncias que operam segundo seus próprios princípios de funcionamento. Dividido entre a razão e o não saber, feito de palavras e intensidades que agitam um corpo simbólico e erógeno, este homem, movido por paixões e conflitos, não é senhor em seu castelo. É o funcionamento desse "homem psicanalítico" – em sua arquitetura, dinâmica e economia – que Freud procura materializar por meio das narrativas de casos clínicos.

Dessas cinco grandes narrativas, duas foram acompanhadas apenas indiretamente por Freud: o menino Hans foi analisado pelo pai, Max Graf – participante regular das reuniões da Sociedade Psicológica das Quartas-Feiras[1] –, sob a supervisão constante de Freud; e a narrativa clínica escrita a partir da autobiografia de Daniel Paul Schreber, *Memórias de um doente dos nervos* (1903), é, à diferença das demais, uma interpretação de Freud sobre o pormenorizado relato dos delírios desse homem que se sentia perseguido por Deus e seus representantes terrenos. Os outros três casos expõem minuciosamente o corpo a corpo da experiência clínica de Freud partilhada com Dora (Ida Bauer), com o Homem dos Ratos (Ernst Lanzer) e com o Homem dos Lobos (Serguei Constantinovitch Pankejeff).

Marcos fundamentais para a psicanálise, as cinco narrativas que deram corpo e robustez às descobertas freudianas originaram ampliações e contribuições singulares. A fortuna crítica amealhada por cada uma delas é imensa: são inúmeros os livros e artigos publicados por psicanalistas

---

1. Criada em 1902 por Sigmund Freud, Alfred Adler, Wilhelm Stekel, Rudolf Reiner e Max Kahane, foi a primeira instituição da história do movimento psicanalítico. Existiu até 1907 e foi substituída pela Wiener Psychoanalytische Vereinigung, modelo para todas as outras sociedades, que seriam reunidas na International Psychoanalytical Association (IPA). Estudiosos de diversas áreas reuniam-se na casa de Freud para receber seus ensinamentos.

renomados de todas as correntes e línguas; centenas de publicações de outras especialidades, filmes, espetáculos teatrais e exposições de arte foram concebidas a partir da leitura desse material. Ainda hoje, elas são a base para novos subsídios psicanalíticos de ordem teórica, clínica, psicopatológica e técnica.

Com o caso Dora, Freud valida suas teses sobre a origem da neurose, particularmente da histeria – o conflito psíquico entre desejos reprimidos e exigências morais, o recalcamento da sexualidade e a formação do sintoma conversivo como solução de compromisso e satisfação disfarçada.[2]

Análise da fobia de um menino de cinco anos expõe, pela primeira vez, a psicanálise de uma criança. O pequeno Hans apresentava como sintomas o pânico de cavalos e o receio de sair à rua. O relato é a oportunidade para Freud reafirmar suas teses em que estabelece os elos entre a sexualidade da primeira infância e a do adulto, tanto na assim denominada sexualidade normal, a genitalidade, como naquilo que se apresenta como psicopatológico.

Com o caso do Homem dos Ratos, ele busca demonstrar a importância para a saúde psíquica do adulto das primeiras relações de objeto, principalmente com os

---

2. O sintoma evidencia a existência de múltiplos e diferentes desejos em nosso psiquismo, desejos, na maior parte das vezes conflitantes, que devem se combinar para que sua produção seja possível. Um sintoma, para a psicanálise, não é algo que deva ou possa ser simplesmente eliminado; é uma engenhosa solução de compromisso entre forças que se opõem e configura uma entidade complexa, capaz de satisfazer, ainda que de maneira disfarçada, desejos inadmissíveis à consciência e que, por isso mesmo, foram recalcados.

pais, o que confirma a concepção, central para a psicanálise, do Complexo de Édipo e suas implicações: o complexo de castração, as diferenças sexual e geracional.

Com o caso Schreber, Freud emprega seu método de investigação psicanalítica a partir de uma obra escrita – como fez em outras ocasiões sobre textos de Shakespeare, Goethe, Dostoiévski e Jensen, ou sobre obras de artistas como Leonardo da Vinci e Michelangelo. Amplia o raio de ação de suas investidas, aplicando a psicanálise à compreensão da relação entre vida e obra, criando o entendimento de que as produções artísticas e culturais são sobretudo uma formação do inconsciente – assim como um sintoma, um sonho, um esquecimento ou um ato falho – que transforma o desejo sexual proscrito do artista em obra socialmente aceita e valorizada. O caso Schreber permite-lhe expandir a psicanálise para além do campo da neurose, empregando suas proposições no universo da psicose e estabelecendo um vínculo inequívoco entre razão e desrazão, entre normal e patológico.

A quinta e última narrativa é o caso do Homem dos Lobos. Nela, Freud atua como um arqueólogo que vai em busca dos restos materiais da pré-história da neurose obsessiva de seu paciente – as chamadas cenas primordiais. Tais cenas, que teriam ocorrido quando o analisando contava com um ano e meio de idade, desenterradas no processo de psicanálise, fornecem os elementos necessários para que Freud compreenda o significado do padecimento do paciente e determine os nexos causais entre a psiconeurose do adulto e a da criança que ele foi.

Apresentação: Revisitando Dora

Com essas cinco grandes narrativas, Freud ruma da experiência clínica singular e pessoal para a universalização de suas teorias e estabelece uma aplicabilidade para sua terapêutica, que assim passa a alcançar a totalidade do humano: da pré-história à história da espécie, da infância à vida madura, da loucura à sanidade. Partindo das vivências mais íntimas de cada um de nós – dos sonhos, dos sintomas, dos tropeços comezinhos da vida cotidiana –, ele foi capaz de estabelecer também uma compreensão geral para todas as grandes conquistas civilizatórias e culturais humanas: para a ética, para a estética, para a política e para a religião.

É por isso que Sigmund Freud deve ser recebido como figura inescapável do pensamento contemporâneo ocidental. É um instaurador de discursividade, como teoriza Foucault, que determina um modo de pensar que baliza toda nossa compreensão e experiência do mundo, fixando a sexualidade e a destrutividade como as forças por trás das lógicas do prazer e do poder que ordenam as relações humanas.

A história de
Fragmento de uma análise de histeria [*O caso Dora*]

Fragmento de uma análise de histeria é a primeira das cinco grandes narrativas clínicas de Freud. Foi redigida entre dezembro de 1900 e janeiro de 1901, imediatamente após a interrupção abrupta do tratamento, imposta pela própria paciente, onze semanas após seu início, em outubro de 1900, momento em que a jovem de dezoito anos foi levada pelo pai, Phillip Bauer (1853-1913), antigo paciente de Freud, a seu consultório.

Dora apresentava, então, uma série de distúrbios físicos – enurese noturna, cansaço, dispneia, enxaqueca, tosse nervosa, afonia, repugnância, alucinação sensorial, rouquidão –, sintomas que foram diagnosticados pelo médico como indicativos de um quadro de histeria.

Mas Dora trazia, para além de seus sintomas, e ainda mais importantes que eles, uma dupla reinvindicação, a de que sua verdade fosse resgatada, e que, assim, deixasse de ser retratada como uma louca mentirosa, e que Freud desse crédito à sua história e asseverasse, desde seu lugar de autoridade, a denúncia que fazia da trama cínica e hipócrita na qual fora envolvida: a da existência de uma relação ilícita entre seu pai e a esposa de um amigo que, traído, teria, como retaliação, revidado o golpe e avançado sedutoramente sobre ela.

Para desfazer os sintomas psiconeuróticos, a psicanálise busca tornar conscientes os desejos sexuais recalcados do paciente. No caso de Dora, seria necessário tornar evidente também o trágico papel que coube a ela no conluio que a envolvia. Enfim, para que a jovem pudesse assumir seu lugar de fala e de desejo, propósito maior de todo tratamento psicanalítico, Dora precisaria se desvencilhar da função que lhe fora reservada no desejo paterno – de moeda de troca – e assumir seu próprio destino.

O caso Dora, ao qual Freud desejou inicialmente chamar de "Sonho e histeria", deu vida às suas teses sobre o aparelho psíquico que ele expôs no famoso capítulo VII de *A interpretação dos sonhos*. Deu substância também às ideias apresentadas em *Três ensaios sobre a teoria da sexualidade* (publicado, como "O caso Dora", em 1905), no qual Freud descreve o desenvolvimento psicossexual na infância, estabelecendo os alicerces teóricos para a compreensão da formação de sintomas nos quadros de neurose, perversão e psicose no adulto. *Fragmento de uma análise de histeria* poderia ser compreendido, ainda, como a sequência natural das apresentações clínicas de *Estudos sobre a histeria* (1893-1895), de Breuer e Freud, estabelecendo atualizações metodológicas importantes. Freud passa a utilizar a interpretação de sonhos e a associação livre como recursos imprescindíveis para desfazer o trabalho de recalcamento, desmontar o arranjo sintomático e, assim, alcançar a cura de seus pacientes.

A narrativa clínica do caso de Dora, ou melhor, do caso de Ida Bauer (1882-1945), cuja identidade foi revelada em 1922 pelo médico e psicanalista austríaco Felix Deutsch, constitui-se em uma ficção baseada em fatos reais, uma interpretação psicanalítica dos acontecimentos relatados. Freud precisa abrir acesso a seus leitores a fim de que participem da concretude de sua teoria, aproximando-os do corpo a corpo de sua prática, para que possam apreciar o valor e o alcance de sua disciplina.

E de fato, o afamado "caso Dora", que pode ser lido agora em português na excelente tradução feita diretamente do original em alemão por Renato Zwick, tornou-se referência para qualquer psicanalista. Não sem motivo.

Nessa narrativa, somos levados ao interior do gabinete do dr. Freud, tendo a chance de participar do movimento de seu pensamento, em sua busca incansável de articulação teórico-clínica, na intimidade de um processo psicanalítico conturbado.

O caso Dora foi retomado por inúmeros psicanalistas em livros, artigos, eventos e congressos, e foi reapresentado como literatura e drama teatral, tornando-se tema inclusive para os estudos feministas críticos da obra freudiana. A história de Dora rivaliza em importância à de Bertha Pappenheim, eternizada como Anna O., a paciente de Breuer que se tornou o caso princeps na compreensão psicanalítica da histeria. *Fragmento de uma análise de histeria* amealhou a maior fortuna crítica entre todos os relatos clínicos de Freud.

Logo no prefácio, o autor discorre sobre as dificuldades inerentes à narrativa da clínica psicanalítica e busca estabelecer critérios para um novo estilo literário que deve ser fidedigno à experiência do tratamento e cuidadoso ao preservar a intimidade e a identidade do paciente. A narrativa clínica deveria permitir a apreensão da prática psicanalítica, necessitando, para isso, revelar os segredos da vida sexual da jovem, sem se transformar em entretenimento ou oportunidade para o prazer lascivo dos leitores.

Na apresentação do quadro clínico, Freud expõe em detalhes os sintomas da paciente e busca relacioná-los a seus desejos sexuais insatisfeitos e recalcados, a fim de comprovar sua tese de que os sintomas neuróticos constituem satisfações substitutivas de desejos sexuais frustrados.

A seguir, a exposição de dois sonhos narrados pela jovem durante o tratamento – uma aplicação prática da arte de interpretar o material onírico – tem o objetivo de

Apresentação: Revisitando Dora

evidenciar os nexos que ligam o sintoma da doença à ideia patogênica que o originou. E assim, num trabalho conjunto com a jovem analisanda, Freud pôde confirmar a realidade daquilo que Dora dizia não lembrar ou que procurava negar: seu amplo conhecimento sobre as questões sexuais, sua intensa fantasia amorosa e atividade masturbatória. Assumir os próprios desejos constitui-se na oportunidade para desfazer os conflitos entre diferentes tendências psíquicas que, recalcadas, originam sintomas, e essa é justamente a meta do tratamento psicanalítico: eliminar todos os sintomas possíveis e substituí-los por pensamentos conscientes.

A leitura do minucioso trabalho interpretativo realizado junto à paciente permite também que avaliemos a importância dos traumas de caráter sexual, dos pensamentos inconscientes e dos conflitos psíquicos para a formação dos sintomas histéricos. É também por meio desse trabalho interpretativo que acompanhamos o psicanalista em sua demonstração de que os sintomas histéricos não são construções psíquicas aleatórias. Ao contrário, são prenhes de sentidos, expressam conflitos psíquicos, são o substituto de desejos frustrados que, submetidos ao recalcamento, retornam na forma de uma solução de compromisso entre satisfação e interdição; ou seja, os sintomas são uma formação do inconsciente que, no caso da histeria, se exprime em somatizações.

"Os sintomas são, por assim dizer, a atividade sexual dos doentes", escreve Freud.

Tendo sempre em mente essas hipóteses sobre o aparelho psíquico e sobre a importância da sexualidade recalcada e do conflito psíquico para a formação de sintomas neuróticos, Freud anuncia em carta enviada em outubro de 1900 ao amigo confidente W. Fliess que o novo caso que recebera era o de uma moça de dezoito anos que se abria "facilmente à [sua] coleção disponível de chaves mestras", o que lhe facultava uma oportunidade ideal para a validação de suas hipóteses e de seus métodos de tratamento e, quiçá, para a divulgação de seus achados.

Ida Bauer era um verdadeiro presente para o psicanalista.

E assim foi: Freud usou todas as suas ferramentas para abrir a caixa de joias de Dora – símbolo que aparece em um dos sonhos da paciente e que foi associado aos genitais –, expôs ao mundo a curiosidade da jovem pelo corpo humano e pela vida sexual, seu entusiasmo por livros que versavam sobre práticas sexuais – desejos e interesses que, tornados inconscientes pelo processo de recalcamento, teriam originado seus sintomas.

Dora em contexto

Mas Freud não se deteve apenas no mundo psíquico da paciente. Ampliou seu foco de investigação e voltou-se também para o contexto de relações familiares e sociais de que Ida-Dora participava.[3] Essas novas informações abrem perspectivas inéditas e tornam ainda mais complexa e insti-

---

3. Embora a realidade psíquica seja o território privilegiado do tratamento psicanalítico, esse território não é assepticamente isolado. Nosso psiquismo é configurado na relação estabelecida com outros humanos; a alteridade nos constitui.

Apresentação: Revisitando Dora

gante a compreensão do caso Dora: "Da natureza das coisas que constituem o material da psicanálise, segue-se que [...] devemos dar atenção tanto às condições puramente humanas e sociais dos pacientes quanto aos dados somáticos e aos sintomas da doença".

Quando, no texto freudiano, passamos a conhecer o papel da jovem na dinâmica familiar que a envolve, a compreensão do sofrimento de Dora diferencia-se daquela que tivemos à primeira vista: ela não é mais apenas uma histérica com sintomas espetaculares e incompreensíveis. Dora se transfigura numa jovem que experimenta um dilema íntimo de matizes trágicos e que, não podendo escolher para si uma posição sexual madura diante de adultos, configura e expressa seu conflito em sintomas conversivos histéricos.

Vemos não mais o mero sofrimento de uma jovem histérica, mas um drama burguês picante, de encontros e desencontros, de abusos, seduções e troca de casais, no qual uma jovem romântica e curiosa, ainda virgem, é convocada a assumir o papel de moeda de troca num imbróglio amoroso que se desenvolve entre os adultos cínicos com quem convive. Freud tem um papel no enredo: narrador supostamente onisciente, é o médico chamado para tratar da jovem supostamente histérica, tendo sido designado pelo pai dela para invalidar a acusação feita pela rebelde, abafando a farsa familiar, suavizando as incriminações, mitigando os ânimos da garota. O desfecho da novela não poderia ser outro: a destituição de Freud de seu lugar de saber pela jovem, que interrompe abruptamente o tratamento, mantendo a denúncia da farsa hipócrita sustentada pelos adultos – inclusive Freud – e do papel de joguete que lhe coube nas perigosas brincadeiras sexuais que a envolveram, que iam certamente ao encontro de seus desejos, mas que os transcendiam em muito.

Os tormentosos sintomas de Dora não eram, assim, fruto exclusivo de uma repulsa histérica a seus próprios desejos sexuais; eram o modo pelo qual a jovem pôde equacionar aspirações e conflitos, tendo em vista o lugar que lhe coube nessa trama.

Retomemos o caso, ampliando um pouco mais a visão do contexto, assumindo outras visadas.

A proximidade entre Freud e a família Bauer se deu inicialmente pelo tratamento, em 1892, de Phillip, pai de Ida, industrial abastado, descrito pelo psicanalista como um homem vivaz, talentoso, inteligente e cativante – muito admirado pela filha –, que sofrera de um acesso de paralisia e confusão mental como resultado de uma sífilis contraída anos antes.

Satisfeito com o resultado da terapêutica, Phillip Bauer indica o tratamento primeiramente para sua irmã, uma neurótica grave, e, anos depois, para Ida, conduzida por ele ao consultório de Freud após uma tentativa de suicídio.

Como vimos, é Phillip quem dá o *briefing* da situação e introduz Freud no enredo que envolveria a doença da filha, relatando que ela o acusava injustamente de manter relações extraconjugais com Giuseppina Zellenka ao mesmo tempo em que denunciava as propostas amorosas e sexuais que reiteradamente lhe fizera Hans Zellenka, o marido da amante do pai, desde seus treze anos. Hans e Giuseppina Zellenka, denominados por Freud como sr. e sra. K., são descritos como um casal insinuante e persuasivo, que passara a desfrutar da intimidade da família Bauer em 1888.

Ida, por sua vez, é apresentada por Freud como "uma moça madura, de julgamento bastante independente, [que se] acostumou a zombar dos esforços médicos e, por fim, a renunciar ao auxílio médico". Teria vindo a seu encontro em obediência à figura paterna, mas também para afirmar e afiançar junto a uma autoridade maior a veracidade de suas próprias acusações sobre a existência de uma relação amorosa ilícita de seu pai e o papel inaceitável que coube a ela nas negociações entre os casais.

Falta, ainda, conhecermos um último personagem do drama: Katharina Gerber-Bauer (1862-1912), mãe de Ida. Mulher aparentemente pouco instruída e simplória, sofria de sintomas da sífilis contraída do marido, além de dores abdominais persistentes e constipação intestinal, tendo sido diagnosticada por Freud como uma paciente de "psicose de dona de casa". Passava o dia inteiro ocupada em limpar e cuidar da casa, alheia aos filhos e ao marido, com quem Ida não se identificava e mantinha uma relação de franca hostilidade.

Sabemos que Freud só utilizaria o termo *complexo de Édipo* em 1910, mas é evidente que essa sua narrativa clínica o representa com clareza e em alta complexidade, permitindo que vejamos um intrincado jogo de amor e ódio, uma rede densa de identificações e escolhas de objeto que se ramificam, se multiplicam e se emaranham em todas as direções, envolvendo todos os personagens.

E Freud, como peça do jogo, é também capturado nessa rede, sendo perpassado pelas intensas linhas de força, comprimido pelas múltiplas interfaces que atuam no caso. Vemos como se enreda quando assume prioritariamente o papel de teórico da histeria e pratica um discurso dogmático e autoritário: o de pesquisador que se defronta com um exemplar perfeito para a comprovação de suas teses.

Nesses momentos, Freud se distancia da jovem paciente, colocando-a sob a insígnia da histeria, praticando uma violência interpretativa, aderindo ao enunciado do pai, assumindo uma atitude de suspeição e descrença ante as denúncias da jovem, abrindo mão do lugar de analista de Dora, parecendo presumir que ela – talvez como toda mulher – deveria aceitar ser um objeto feminino para o consumo masculino.

Só assim poderíamos compreender a afirmação feita por ele: "Eu consideraria histérica, sem hesitar, toda pessoa, quer ela seja capaz de gerar sintomas somáticos ou não, em quem uma ocasião de excitação sexual produz sensações desprazerosas de maneira predominante ou exclusiva".

Ora, Dora, Ida, ou qualquer uma ou um de nós, não pode aceitar ser colocada no lugar de objeto de prazer do outro, mercadoria para o deleite alheio. Esse não pode ser o lugar da mulher, pois é justamente o lugar da loucura: o de ser para o outro, o de ser no outro.

Dora, Freud e a sexualidade feminina

Quando assumimos esse outro viés de compreensão, permitido pela própria narrativa freudiana, podemos entender que a repulsa de Dora à sexualidade não é sintoma de histeria, ou não exclusivamente; sua repulsa é sua única defesa. Talvez seja injusto pedir que Freud fosse um homem além de seu tempo na sua relação com as mulheres. Talvez a denúncia de abuso e conspiração feita por uma jovem não pudesse ser ouvida quando o fundador da psicanálise necessitava de um caso modelo para comprovar suas teorias. Talvez Freud precisasse da força das identificações masculinas para sustentar a si e a sua jovem disciplina. Talvez...

Mas não precisamos justificar Freud por suas atitudes ou reverenciá-lo como uma figura inquestionável e infalível; sua posição no pensamento ocidental é, como vimos, central. Ele mesmo admitiu não ter conseguido lidar adequadamente com a transferência que o ligava a Ida. E talvez isso tenha ocorrido porque sua relação com ela foi precedida pelo vínculo transferencial que o ligara fortemente ao pai da paciente, a quem tinha em alta conta. E, assim, a denúncia que Dora buscou consolidar – de que não poderia, apesar de seu próprio desejo, fazer um conluio com o pai, ceder às suas transgressões, simbolicamente incestuosas, e aceitar receber, sob sua bênção, as investidas sexuais de seu amigo –, e que foi veementemente desmentida pelos adultos à sua volta, caiu de novo no vazio e não pôde ser ouvida por Freud. A vítima fora transformada em agressor.

Como Dora poderia fugir de tal cilada? Como conjugar tantos afetos? Como dar voz à sua verdade, enfrentando a todos? Avancemos um pouco mais.

Freud se refere ao veio homossexual que ligaria Dora à sra. K., sem levar em conta o vínculo de identificação que uniria as duas mulheres, uma vez que a sra. K. era amante do pai, lugar que Dora ocuparia de bom grado em suas fantasias edipianas. Voltamos à infância de Dora, suas primeiras relações de objeto, seu complexo de Édipo. Assumir, ainda que de maneira deslocada, o lugar da mãe junto ao pai, no espelhamento que a jovem estabelece com a amante deste, levaria Dora, ao mesmo tempo, ao matricídio e ao incesto, experiência de terror insuportável. Por isso Dora se vai, abandonando Freud e o tratamento; não há lugar possível para ela na dança das cadeiras que lhe foi imposta; ela precisa fugir da armadilha em que foi colocada.

Por isso sua história deveria ter sido recebida como verdade.

E por isso ela retorna ainda outra vez, agora por vontade própria, ao consultório de Freud, um ano e três meses após o rompimento da análise, exatamente no dia 1º de abril de 1902, como destaca o psicanalista, insinuando que ela não teria escolhido tal data, o dia da mentira, aleatoriamente. Freud parece não acreditar quando Dora afirma necessitar sua ajuda, tampouco quando ela relata que, tendo feito ao casal K. uma visita de condolências pela morte do filho, aproveitara para desmascarar a farsa. Freud desconfia uma vez mais: "Nessa ocasião, ela se reconciliou com eles, vingou-se deles e levou seu assunto a uma conclusão que lhe era satisfatória. Ela disse à mulher: 'Sei que tens uma relação com o papai', e esta não negou. Ela induziu o homem a admitir a cena do lago [na qual ele teria tentado beijá-la], antes contestada por ele, e levou essa notícia, que a escusava [afinal, ela não era uma simuladora mentirosa], ao pai".

Apresentação: Revisitando Dora

E é também para afirmar sua verdade que Dora tentará mais um encontro com o psicanalista, seis meses depois, sobre o qual Freud comentará, impiedosamente, ser apenas mais um ato de retaliação da paciente contra os homens, uma vingança que se voltava agora também contra ele.

Não há conciliação possível.

E mais: a tragédia de Dora persistirá inclemente também na história oficial da psicanálise, que tampouco a poupou, ao reeditar um abuso, agora institucional. Vejamos.

O encontro entre Ida Bauer e Felix Deutsch, médico pessoal e discípulo de Freud, ocorrido em 1922 e relatado por ele 33 anos depois, revelou ao mundo a identidade de Dora e asseverou que ela continuava a histérica de sempre. Segundo Deutsch, a interrupção precoce do tratamento com Freud teria determinado seu destino funesto. Ao final do relato, ele recupera a informação recebida de Ernest Jones, o biógrafo oficial de Freud, a respeito do falecimento de Ida, em 1945: "Sua morte [...] pareceu uma bênção para todos aqueles que a cercavam. Dora havia sido, nas palavras de meu informante [Jones], 'uma das histéricas mais repulsivas' que havia conhecido".

É difícil não ser tomado pela violência dessas palavras e não remontar sua origem à dureza que perpassa o escrito de Freud. Mais de cem anos depois, enfim podemos ler esse fragmento de uma análise de histeria com o olhar crítico que ele merece.

Se Freud finalizou seu texto prevendo um futuro auspicioso para a jovem, imaginando que o tratamento de sua histeria permitiria que Dora se abrisse para o relacionamento com o homem amado, que se libertasse da doença e da figura do pai, para ser reconquistada pela vida, a história de Ida Bauer indica que ele não acertou em seu prognóstico.

Ainda que Freud tenha sido, ao final do século XIX, o grande libertador da fala da mulher histérica, ele não foi capaz de encontrar para ela um destino que não o patológico – inibição neurótica, masculinização ou investimento libidinal no pai ou seu sucedâneo. A mulher continuou sendo, para ele, "um continente negro", desconhecido, o que comprovamos com facilidade ao constatar que, em sua teoria, apenas o casamento, a satisfação sexual por penetração vaginal na relação heterossexual e a maternidade (principalmente se a criança for do sexo masculino) livrariam a nós, Doras, da histeria, e solucionariam o enigma do feminino.

Essas digressões sobre o lugar da sexualidade feminina na teoria freudiana indicam por que penso ser tão importante reposicionar Dora na aventura psicanalítica, colocando-a como parte integrante do grupo de irmãos rebeldes que, em *Totem e tabu* (1913), se organizaram para praticar o parricídio do chefe tirânico da horda. Nesse texto social de crucial importância para a psicanálise, uma antropologia fantástica na qual Freud especula sobre a gênese da civilização, temos a destituição violenta do déspota como base para a construção da cultura. Também nesse, como em outros escritos, o lugar da mulher parece ser o da patologia histérica, uma espécie de não lugar, um oco a ser preenchido por outro, de objeto para a satisfação do macho e para sua procriação. Na versão da origem da cultura humana fantasiada por Freud, à mulher não cabe papel ativo nos desígnios civilizatórios da humanidade, a não ser para cumprir sua função na manutenção da espécie.

Freud parece entender que para que Dora não fosse uma histérica, para que pudesse se tornar verdadeiramente uma mulher, ela deveria viabilizar um outro sonho que não o seu.

Mas Dora não concorda com essa proposição; rebela-se contra os ditames dos pais tirânicos, chefes da horda, insiste em sua denúncia e, ao não ser ouvida, rompe com o psicanalista. Busca estabelecer, em sua desobediência, um novo lugar para si: nem objeto de satisfação dos desejos do pai, nem pária histérica da ciência.

A psicanálise tem a responsabilidade de reabilitar o polêmico caso Dora (imagino Freud revendo suas posições depois dos mais de cem anos que nos separam desse tratamento). Pois, eternizada como histérica, como um caso de fracasso, Ida Bauer ganhou um lugar abjeto na história. Sua rebeldia foi calada por sua patologização, ao ser transformada de vítima de abuso em algoz. A violência implicada na inversão de papéis que Dora buscou denunciar, contra a qual se insurgiu e que foi reencenada na análise com Freud, deve ser apreendida por nós psicanalistas do século XXI, para que não sentenciemos como histéricas outras vítimas do abuso do poder.

O polêmico *Fragmento de uma análise de histeria* de Freud merece ser lido e relido ainda hoje, sob um olhar crítico e autônomo, bem ao feitio de Ida Bauer, bem ao feitio do próprio Freud em seus grandes momentos.

Relembremos da famosa frase de Goethe tão citada por Freud: "O que herdaste de teus pais, adquire-o para possuí-lo".

Para que se sustente hoje com a mesma potência revolucionária que lhe deu origem, a obra freudiana requer uma leitura renovada e atenta, exigindo de nós, herdeiros conscienciosos de suas ideias, que a assumamos com o mesmo espírito de coragem e independência que impulsionou seu criador.

Referências

Cixous, H. *Portrait of Dora*. Des femmes: Paris, 1975.
Deutsch, F. "Una 'nota de pie de página' al trabajo de Freud, 'Análisis fragmentario de una histeria' (1957)." In http://elpsicoanalistalector.blogspot.com/2013/01/felix-deutsch-una-nota-pie-de-pagina-al.html (acesso em 03/09/2018).
Gay, P. *Freud, uma vida para nosso tempo*. São Paulo: Companhia das Letras, 1989.
Jones, E. *Vida e obra de Sigmund Freud*. Rio de Janeiro: Zahar, 1979.
Mahony, P. *Dora s'en va. Violence dans psychanalyse*. Empêcheurs de Penser en Rond: França, 2001.
Roudinesco, E. *Sigmund Freud, na sua época e em nosso tempo*. Rio de Janeiro: Zahar, 2016.
_____.; Plon, M. *Dicionário de psicanálise*. Rio de Janeiro: Jorge Zahar Editor, 1998.

Fragmento de uma análise de histeria
[O caso Dora]

Prefácio

Se após uma pausa mais demorada me proponho a corroborar minhas declarações apresentadas em 1895 e 1896 sobre a patogênese dos sintomas histéricos e sobre os processos psíquicos na histeria pela comunicação detalhada de uma história clínica e de tratamento, não posso me poupar desse prefácio, que, por um lado, visa justificar meu proceder sob diferentes aspectos, e, por outro, reduzir a uma medida justa as expectativas que irão acolhê-la.

Foi por certo melindroso que eu tivesse de publicar resultados de pesquisa, e na verdade de um tipo surpreendente e pouco lisonjeiro, cuja verificação por parte dos colegas permaneceu necessariamente vedada. Mas dificilmente é menos melindroso se agora começo a disponibilizar ao julgamento geral um pouco do material a partir do qual obtive aqueles resultados. Não escaparei à repreensão. Se daquela vez ela dizia que não comuniquei nada de meus pacientes, agora ela dirá que comuniquei de meus pacientes o que não se deve comunicar. Espero que sejam as mesmas pessoas que de tal modo mudem o pretexto de sua repreensão, e desisto de antemão de alguma vez arrancá-la desses críticos.

A publicação de minhas histórias clínicas continua sendo para mim uma tarefa de difícil solução, mesmo que eu não me preocupe mais com esses indivíduos malevolentes desprovidos de entendimento. As dificuldades são em parte de natureza técnica, e, por outra parte, resultam do próprio caráter da situação. Se for correto que a causação dos adoecimentos histéricos é encontrada nas intimidades da vida psicossexual dos pacientes e que os sintomas histéricos são a expressão de seus desejos recalcados mais secretos, a elucidação de um caso de histeria não poderá fazer outra coisa senão descobrir essas intimidades e revelar esses segredos. É certo que os pacientes nunca teriam falado se lhes tivesse ocorrido a possibilidade de um aproveitamento científico de suas confissões, e igualmente certo que seria de todo inútil solicitar deles próprios que autorizassem a publicação. Pessoas sensíveis, por certo também tímidas, colocariam em primeiro plano, sob tais circunstâncias, o dever da discrição médica, lamentando não poder prestar nenhum serviço de esclarecimento à ciência nesse caso. Só que eu acho que o médico não tomou a seu cargo apenas deveres para com pacientes específicos, mas também para com a ciência. Para com a ciência não significa no fundo outra coisa senão para com os muitos outros pacientes que padecem da mesma doença ou ainda irão padecer. Desde que se possa evitar o dano pessoal direto a um paciente específico, a comunicação pública daquilo que se acredita saber sobre a causação e a estrutura da histeria se transforma em dever, e a omissão, em covardia ultrajante. Acredito ter feito de tudo a fim de impossibilitar tal dano à minha paciente. Escolhi uma pessoa cujos destinos não se desenrolaram em Viena, e sim numa cidade pequena e remota, cuja situação pessoal, portanto, deve ser de fato desconhecida em Viena; desde o início, guardei o segredo do tratamento com tanto

Prefácio

cuidado que apenas um único colega, plenamente confiável, pode saber que a moça foi minha paciente; após a conclusão do tratamento, ainda esperei por quatro anos para fazer a publicação, até saber de uma mudança na vida da paciente que me fez supor que seu próprio interesse nos acontecimentos e processos psíquicos aqui relatados poderia ter se desvanecido. É óbvio que não se manteve nenhum nome que pudesse levar um leitor de círculos leigos a descobrir alguma coisa; a publicação num periódico especializado estritamente científico, aliás, deveria ser uma proteção contra tais leitores não autorizados. É claro que não posso impedir que a paciente mesma tenha uma sensação desagradável se sua própria história clínica for parar em suas mãos por acaso. Mas ela não ficará sabendo a partir dela nada que já não saiba, e poderá perguntar-se se alguém mais tem mesmo como saber que se trata de sua pessoa.

Sei que – pelo menos nesta cidade – há muitos médicos que – bastante asquerosamente – não querem ler tal história clínica como uma contribuição à psicopatologia da neurose, mas como um romance baseado em fatos reais destinado a seu entretenimento. Asseguro a essa categoria de leitores que todas as minhas histórias clínicas a serem porventura comunicadas posteriormente estarão resguardadas de sua perspicácia por garantias de segredo semelhantes, embora, devido a esse propósito, minha capacidade de dispor de meu material tenha de sofrer uma restrição deveras extraordinária.

Nesta única história clínica que até agora pude arrancar às restrições da discrição médica e ao desfavor das circunstâncias, relações sexuais são discutidas com toda a franqueza, os órgãos e as funções da vida sexual são mencionados por seus nomes corretos e o leitor pudibundo pode convencer-se a partir de minha exposição de que não tive receio de conversar sobre tais temas, em tal linguagem, com uma pessoa jovem do sexo feminino. Será que também deveria me defender dessa repreensão? Reivindico simplesmente os direitos do ginecologista – ou antes, direitos muito mais modestos que esses – e declaro ser um indício de uma lascívia perversa e estranha alguém presumir que tais conversas seriam um bom meio para o incitamento ou a satisfação de apetites sexuais. De resto, sinto a inclinação a expressar meu juízo a respeito disso mediante algumas palavras tomadas de empréstimo.

"É lamentável ter de conceder um lugar a tais protestos e asseverações numa obra científica, mas que não me façam repreensões por isso, e sim acusem o espírito da época, graças ao qual felizmente chegamos ao ponto de que mais nenhum livro sério tenha garantias quanto à sua vida."[1]

Comunicarei agora de que maneira superei as dificuldades técnicas do relato no caso desta história clínica. Essas dificuldades são bastante consideráveis para o médico que tem de praticar seis ou oito tratamentos psicoterapêuticos desses diariamente e que durante a própria sessão com o paciente não pode fazer anotações porque despertaria sua desconfiança e se atrapalharia na apreensão do material a ser assimilado. Também é um problema ainda não resolvido para mim como eu poderia fixar para comunicação a histó-

---
1. Richard Schmidt, 1902. (No prefácio.)

ria de um tratamento de longa duração. No presente caso, duas circunstâncias vieram em meu auxílio: em primeiro lugar, que a duração do tratamento não excedeu três meses; em segundo lugar, que os esclarecimentos se agruparam ao redor de dois sonhos – relatados no meio e no final do tratamento –, cujo teor foi registrado imediatamente após a sessão e que puderam fornecer um apoio seguro para a subsequente teia de interpretações e lembranças. A história clínica em si, escrevi-a de memória somente após a conclusão do tratamento, enquanto minha lembrança ainda estava fresca e intensificada pelo interesse na publicação. Logo, o registro não é absolutamente – fonograficamente – fiel, mas pode reclamar o direito a um elevado grau de confiabilidade. Nada de essencial foi alterado nele, a não ser talvez a sequência das explicações em alguns trechos, o que fiz por uma questão de coerência.

Trato de destacar o que será encontrado neste relato e do que se sentirá falta nele. A obra levava originalmente o nome "Sonho e histeria", pois me parecia especialmente apropriada para mostrar como a interpretação de sonhos se entretece na história do tratamento e como se pode conseguir com sua ajuda o preenchimento das amnésias e o esclarecimento dos sintomas. Não foi sem boas razões que em 1900 antecedi minhas pretendidas publicações sobre a psicologia das neuroses com um trabalhoso e aprofundado estudo sobre o sonho[2], podendo contudo também ver a partir de sua recepção como é insuficiente a compreensão que os colegas mostram ainda hoje por tais esforços.

---

2. *A interpretação dos sonhos* (1900 *a*).

Tampouco nesse caso era convincente a objeção de que minhas afirmações, devido à não divulgação de material, não permitiam que se obtivesse uma convicção fundada na verificação, pois qualquer pessoa pode submeter seus próprios sonhos à investigação analítica, e a técnica da interpretação dos sonhos, conforme as instruções e os exemplos dados por mim, pode ser facilmente aprendida. Tanto hoje quanto então, tenho de afirmar que o aprofundamento nos problemas do sonho é uma precondição indispensável para compreender os processos psíquicos da histeria e das outras psiconeuroses, e que ninguém que queira se poupar desse trabalho preparatório tem perspectiva de avançar nesse campo, mesmo que só alguns passos. Visto que esta história clínica pressupõe portanto o conhecimento da interpretação dos sonhos, sua leitura resultará extremamente insatisfatória para todo aquele a quem não se aplicar esse pressuposto. Encontrará nela apenas estranheza em vez do buscado esclarecimento, e por certo se inclinará a projetar a causa dessa estranheza sobre o autor, qualificando-o de fantasioso. Na realidade, tal estranheza adere aos fenômenos da própria neurose; ela só é encoberta aí por nossa acomodação médica, vindo outra vez à luz com a tentativa de explicação. Ela só seria completamente banida caso se conseguisse derivar a neurose em seu todo de fatores que já conhecemos. Mas é altamente provável, ao contrário, que recebamos do estudo da neurose o estímulo para supor muitas coisas novas, que então podem se tornar pouco a pouco objeto de conhecimento mais seguro. Mas o novo sempre provocou estranheza e resistência.

Prefácio

Seria errôneo se alguém acreditasse que os sonhos e sua interpretação assumem em todas as psicanálises uma posição tão destacada quanto neste exemplo. Se a presente história clínica parece privilegiada quanto ao aproveitamento dos sonhos, em outros pontos, em compensação, ela saiu mais pobre do que eu teria desejado. Mas suas deficiências estão relacionadas justamente com aquelas circunstâncias às quais se deve a possibilidade de publicá-la. Já afirmei que não conseguiria dar conta do material de uma história de tratamento que talvez se estendesse por mais de um ano. Esta história de apenas três meses pôde ser abrangida e recordada; seus resultados, porém, ficaram incompletos sob mais de um aspecto. O tratamento não foi continuado até a meta prefixada, mas interrompido por vontade da paciente quando se chegou a certo ponto. Nesse momento, alguns enigmas do adoecimento ainda não haviam sido sequer abordados, outros haviam sido esclarecidos apenas de maneira incompleta, enquanto a continuação do trabalho certamente teria avançado em todos os pontos até o último esclarecimento possível. Assim, posso oferecer aqui apenas um fragmento de uma análise.

Um leitor familiarizado com a técnica de análise exposta nos *Estudos sobre a histeria* talvez se admire de que em três meses não tenha sido possível levar até sua derradeira solução pelo menos os sintomas abordados. Mas isso se torna compreensível se eu comunicar que desde os *Estudos* a técnica psicanalítica sofreu uma reviravolta fundamental. Naquela época, o trabalho partia dos sintomas e colocava-se a meta de resolvê-los um após o outro. Desde então abandonei essa técnica, pois a achei completamente inadequada à estrutura mais sutil da neurose. Agora deixo o próprio paciente determinar o tema do trabalho diário, e assim parto da superfície à qual, a cada vez, o inconsciente nele dá atenção. Mas então obtenho fragmentariamente, entremeado em diversos contextos e dividido ao longo de épocas amplamente afastadas, aquilo que diz respeito à solução de um sintoma. Apesar dessa aparente desvantagem, a nova técnica é muito superior à antiga e, sem controvérsia, a única possível.

Face à incompletude de meus resultados analíticos, nada me restou senão seguir o exemplo daqueles pesquisadores que têm a felicidade de trazer à luz os restos inestimáveis, embora mutilados, da Antiguidade, tirando-os de um longo sepultamento. Complementei o incompleto segundo os melhores modelos que conheço de outras análises, mas, assim como um arqueólogo consciencioso, tampouco deixei de indicar em cada caso onde minha construção se une ao autêntico.

Eu mesmo produzi de maneira deliberada um outro tipo de incompletude. É que, em geral, não expus o trabalho interpretativo que tinha de ser feito com as ocorrências e comunicações da paciente, mas apenas os resultados dele. Assim, exceto pelos sonhos, a técnica do trabalho analítico foi revelada apenas em alguns poucos trechos. Importava-me nesta história clínica indicar a determinação dos sintomas e a estrutura íntima do adoecimento neurótico; se eu tivesse tentado ao mesmo tempo cumprir também a outra tarefa, geraria apenas uma confusão insolúvel. Para fundamentar as regras técnicas, encontradas em sua maioria de maneira

Prefácio

empírica, seria por certo preciso reunir o material de muitas histórias de tratamento. Entretanto, não se imagine ter sido especialmente grande a abreviação decorrente da não comunicação da técnica neste caso. Justo a parte mais difícil do trabalho técnico não entrou em questão no caso da paciente, visto que o fator da "transferência", do qual se trata no final da história clínica, não veio à baila durante o breve tratamento.

Um terceiro tipo de incompletude deste relato não é culpa nem da paciente, nem do autor. É óbvio, antes, que uma única história clínica, mesmo que fosse completa e não estivesse exposta a qualquer dúvida, não pode dar resposta a todas as questões que se levantam a partir do problema da histeria. Ela não pode dar a conhecer todos os tipos de adoecimento, todas as configurações da estrutura interna da neurose, todos os tipos possíveis de nexo entre o psíquico e o somático na histeria. Não se pode, sendo justo, exigir de um caso mais do que ele é capaz de fornecer. Além disso, quem até agora não quis acreditar na validade universal e sem exceções da etiologia psicossexual para a histeria dificilmente adquirirá essa convicção ao tomar conhecimento de uma história clínica, mas fará melhor postergando seu juízo até ter adquirido, pelo próprio trabalho, o direito a uma convicção.[3]

---

3. O tratamento aqui comunicado foi interrompido em 31 de dezembro de 1899 e o relato acerca dele foi redigido nas duas semanas seguintes, mas publicado apenas em 1905. Não cabe esperar que mais de dois decênios de trabalho contínuo nada tivessem mudado na concepção e na exposição de tal caso de adoecimento, mas seria evidentemente absurdo deixar "*up to date*" [pôr em dia; atualizar] esta história clínica através de correções e ampliações, adaptá-la (continua)

(cont.) ao estágio atual de nosso saber. Assim, deixei-a intocada no essencial e melhorei em seu texto apenas descuidos e imprecisões, para os quais chamaram minha atenção meus excelentes tradutores ingleses, o sr. James Strachey e sua esposa. Os acréscimos críticos que me pareceram pertinentes foram inseridos nestes acréscimos à história clínica, de modo que o leitor está autorizado a supor que ainda hoje me atenho às opiniões defendidas no texto se nos acréscimos não achar nenhuma oposição a elas. O problema da discrição médica, que me ocupa neste prefácio, não se aplica às outras histórias clínicas deste volume, pois três delas foram publicadas com o consentimento expresso dos pacientes – no caso do pequeno Hans, do pai –, e num dos casos (Schreber) o objeto da análise não é propriamente uma pessoa, mas um livro de sua autoria. No caso Dora, o segredo foi preservado até este ano. Eu soube recentemente que a mulher desaparecida para mim há muito tempo, que agora adoeceu outra vez por outros motivos, revelou a seu médico que fora objeto de minha análise quando jovem, comunicação essa que tornou fácil ao informado colega reconhecer nela a Dora de 1899. Ninguém que pense de maneira justa recriminará a terapia analítica pelo fato de os três meses do tratamento de então não fazerem mais do que resolver o conflito da época, de não poderem conferir também uma proteção contra adoecimentos posteriores. [Segundo os editores da *Freud-Studienausgabe*, esta nota de rodapé data de 1923 e aparece pela primeira vez no volume 8 dos "escritos reunidos" (*Gesammelte Schriften*) de Freud, volume esse que contém seus cinco grandes estudos de caso. Ou seja, além de *O caso Dora*, também *O Pequeno Hans* (1909 *b*), *O Homem dos Ratos* (1909 *d*), *O caso Schreber* (1911 *c*) e *O Homem dos Lobos* (1918 *b*); sobre a vida posterior de Dora, há um estudo de Felix Deutsch (1957). Os editores também informam que onde Freud escreve "1899", deve-se ler "1900". (N.T.)]

I
O QUADRO CLÍNICO

Depois de ter demonstrado em minha *Interpretação dos sonhos*, publicada em 1900, que os sonhos são em geral interpretáveis e que, após completado o trabalho interpretativo, eles se deixam substituir por pensamentos impecavelmente formados, inseríveis em lugar conhecido na concatenação psíquica, eu gostaria de dar nas próximas páginas um exemplo daquela única aplicação prática que a arte de interpretar sonhos parece admitir. Já mencionei em meu livro[1] de que maneira topei com os problemas do sonho. Encontrei-os em meu caminho enquanto estava empenhado em curar psiconeuroses através de um procedimento especial de psicoterapia em que os pacientes, entre outros eventos de sua vida psíquica, também me relatavam sonhos que pareciam exigir inclusão na longamente estendida concatenação entre o sintoma da doença e a ideia patogênica. Nessa época, aprendi como se deve traduzir da língua do sonho para a forma de expressão da linguagem de nossos pensamentos, forma esta compreensível sem ajuda adicional. Esse conhecimento, posso afirmar, é imprescindível ao psicanalista, pois o sonho representa um dos caminhos pelos quais pode chegar à consciência aquele material psíquico que, graças à oposição despertada por seu conteúdo, foi cortado da consciência, recalcado e assim se tornou patogênico.

---

1. *A interpretação dos sonhos*, capítulo II. [L&PM POCKET 1060, p. 121-2.]

O sonho, dizendo mais brevemente, é um dos *desvios para contornar o recalcamento*, um dos principais expedientes do chamado modo indireto de figuração no psíquico. O presente fragmento da história de tratamento de uma jovem histérica pretende demonstrar como a interpretação dos sonhos intervém no trabalho da análise. Ao mesmo tempo, me dará ocasião de defender publicamente pela primeira vez numa extensão que não mais permita equívocos parte de minhas opiniões sobre os processos psíquicos e sobre as condições orgânicas da histeria. Por certo não preciso mais me desculpar pela extensão desde que se reconheça que só pelo mais afetuoso aprofundamento, mas não pelo menosprezo afetado, se pode satisfazer as grandes exigências que a histeria coloca ao médico e ao investigador. De fato:

Não só arte e ciência,
A obra requer paciência![2]

Começar por uma história clínica arredondada e sem lacunas significaria colocar o leitor de antemão sob condições inteiramente diversas das do observador médico. O que os familiares do paciente relatam – nesse caso, o pai da moça de dezoito anos – fornece na maioria das vezes uma imagem bastante desfigurada do transcurso da doença. É verdade que então começo o tratamento com a exortação para que me seja contada toda a história clínica e de vida, mas o que fico sabendo ainda não basta para orientar-me.

---

2. Goethe, *Fausto I*, cena 6, fala de Mefistófeles. O ponto de exclamação é de Freud. (N.T.)

I. O quadro clínico

Essa primeira narrativa pode ser comparada a um rio não navegável, cujo leito ora é obstruído por massas rochosas, ora dividido e deixado raso por bancos de areia. Só posso ficar admirado com a maneira pela qual surgiram as bem-acabadas e exatas histórias clínicas de histéricas dos outros autores. Na realidade, as pacientes são incapazes de dar tais relatos sobre si mesmas. É verdade que podem informar o médico de maneira satisfatória e coerente acerca desta ou daquela época de vida, mas então segue-se um outro período em que suas informações se tornam superficiais, deixando lacunas e enigmas, e, num outro momento ainda, nos encontramos diante de épocas inteiramente obscuras, que não são iluminadas por qualquer informação aproveitável. Os nexos, mesmo os aparentes, estão na maioria rompidos, a sequência de diferentes eventos é incerta; durante a própria narrativa, a paciente corrige repetidas vezes um dado, uma data, para em seguida, talvez após longa hesitação, voltar ao que declarou de início. A incapacidade dos pacientes para expor de maneira ordenada sua história de vida, na medida em que coincide com sua história clínica, não é apenas característica da neurose[3]; ela tampouco deixa de

---

3. Uma vez um colega me transferiu sua irmã para tratamento psicoterapêutico, ela que, conforme ele disse, era tratada há anos sem sucesso devido à histeria (dores e perturbações no andar). A breve informação parecia bastante compatível com o diagnóstico; numa primeira consulta, pedi à paciente que contasse ela mesma sua história. Quando essa narrativa, apesar dos acontecimentos notáveis aos quais aludia, se mostrou perfeitamente clara e ordenada, disse a mim mesmo que o caso não poderia ser de histeria, e fiz logo depois um cuidadoso exame físico. O resultado foi o diagnóstico de uma tabes moderadamente avançada, que então também experimentou uma considerável melhora devido a injeções de mercúrio (*Ol. cinereum*, aplicadas pelo professor Lang).

ter uma grande importância teórica. Pois essa deficiência tem as seguintes razões: em primeiro lugar, a paciente retém consciente e intencionalmente, por motivos ainda não superados de receio e vergonha (discrição, quando se leva em conta outras pessoas), uma parte daquilo que lhe é bem conhecido e que deveria relatar; essa seria a parcela de insinceridade consciente. Em segundo lugar, desaparece durante essa narrativa uma parte do saber anamnésico do qual a paciente normalmente dispõe, sem que ela se proponha a tal omissão: é a parcela de insinceridade inconsciente. Em terceiro lugar, jamais faltam amnésias reais, lacunas de memória às quais sucumbiram não apenas memórias antigas, mas inclusive bastante recentes, e ilusões mnêmicas formadas secundariamente para preencher essas lacunas.[4] Quando os próprios acontecimentos ficaram conservados na memória, a intenção na raiz das amnésias é alcançada com a mesma segurança através da eliminação de um nexo, e o nexo é rompido da maneira mais segura quando se modifica a sequência temporal dos acontecimentos. Esta última também se mostra sempre como o componente mais vulnerável do patrimônio mnêmico, o primeiro a sucumbir ao recalcamento. Encontramos algumas memórias num primeiro estágio de recalcamento, por assim dizer; elas se mostram afetadas pela dúvida. Certo tempo depois, essa

---

4. Amnésias e ilusões mnêmicas encontram-se numa relação complementar. Quando houver grandes lacunas de memória, encontraremos poucas ilusões mnêmicas. De forma inversa, as últimas podem à primeira vista encobrir completamente a existência de amnésias.

I. O quadro clínico

dúvida seria substituída por esquecimento ou lembrança falha.[5]

Semelhante estado das lembranças relativas à história clínica é o necessário *correlato, teoricamente exigido*, dos sintomas da doença. No transcurso do tratamento, o paciente então acrescenta aquilo que reteve ou que não lhe ocorreu, embora sempre o soubesse. As ilusões mnêmicas revelam-se insustentáveis, as lacunas da memória são preenchidas. Apenas por volta do fim do tratamento é que se pode abranger uma história clínica internamente coerente, compreensível e sem lacunas. Se a meta prática do tratamento vai no sentido de eliminar todos os sintomas possíveis e substituí-los por pensamentos conscientes, podemos estabelecer como uma outra e teórica meta a tarefa de curar todos os danos de memória do paciente. Ambas as metas coincidem; quando uma é alcançada, também se obtém a outra; o mesmo caminho leva a ambas.

Da natureza das coisas que constituem o material da psicanálise, segue-se que em nossas histórias clínicas devemos dar atenção tanto às condições puramente humanas e sociais dos pacientes quanto aos dados somáticos e aos sintomas da doença. Antes de tudo, nosso interesse se voltará às condições familiares dos pacientes, e isso, como veremos, também devido a outras relações que não apenas a consideração pela hereditariedade a ser investigada.

---

5. Numa exposição marcada pela dúvida, ensina uma regra adquirida pela experiência, cabe desconsiderar inteiramente essa expressão de juízo do narrador. Numa exposição que oscila entre duas formulações, consideremos correta aquela que foi expressa primeiro e a segunda como um produto do recalcamento.

Além de sua pessoa, o grupo familiar da paciente de dezoito anos abrangia os pais e um irmão um ano e meio mais velho. A pessoa dominante era o pai, tanto pela inteligência e pelas qualidades de caráter quanto por suas circunstâncias de vida, que fornecem o andaime para a história clínica e de infância da paciente. Na época em que comecei o tratamento com a moça, ele era um homem na segunda metade dos quarenta, de vivacidade e talento não muito usuais, um grande industrial de situação material muito abastada. A filha era-lhe afeiçoada com ternura especial, e a crítica prematuramente despertada nela escandalizou-se com força tanto maior com várias das ações e peculiaridades dele.

Além disso, essa ternura se intensificara devido aos muitos e graves adoecimentos de que o pai sofria desde o sexto ano de vida da paciente. Naquela época, o fato de ele contrair tuberculose foi o pretexto para a mudança da família a uma pequena cidade, climaticamente favorecida, de nossas províncias sulinas; nessa cidade, a afecção pulmonar melhorou depressa, porém, devido ao repouso julgado necessário, esse lugar, que chamarei de B., continuou sendo pelos dez anos seguintes, aproximadamente, o domicílio principal tanto dos pais quanto dos filhos. Quando estava bem, o pai se ausentava temporariamente para visitar suas fábricas; no auge do verão, eles se hospedavam numa estância termal nas montanhas.

Quando a menina tinha mais ou menos dez anos, um descolamento da retina sofrido pelo pai tornou necessário um tratamento de privação de luz. A consequência desse

I. O quadro clínico

incidente foi uma limitação permanente da visão. O adoecimento mais sério ocorreu aproximadamente dois anos depois; consistiu num acesso de confusão mental seguido por sintomas de paralisia e ligeiros transtornos psíquicos. Um amigo do doente, cujo papel ainda nos ocupará mais adiante, convenceu-o, quando ele estava apenas um pouco melhor, a viajar com seu médico a Viena para pedir meu conselho. Hesitei por um momento se não devia supor nele uma paralisia tabética, mas então me decidi pelo diagnóstico de afecção vascular difusa e, depois que o doente admitiu uma infecção específica antes do casamento, ordenei um enérgico tratamento antiluético, em decorrência do qual regrediram todos os transtornos ainda existentes. Devo provavelmente a essa feliz intervenção o fato de quatro anos depois o pai me apresentar sua filha, que de modo claro se tornara neurótica, e, após mais dois anos, confiá-la a meus cuidados para tratamento psicoterapêutico.

Nesse meio-tempo, eu também conhecera em Viena uma irmã do paciente, um pouco mais velha que ele, em quem era preciso reconhecer uma forma grave de psiconeurose sem sintomas caracteristicamente histéricos. Essa mulher, após uma vida preenchida por um casamento infeliz, morreu em meio aos sintomas, na verdade não inteiramente esclarecidos, de um marasmo que progrediu com rapidez.

Um irmão mais velho do paciente, a quem cheguei a ver ocasionalmente, era um solteiro hipocondríaco.

A moça, que se tornou minha paciente aos dezoito anos, simpatizara desde sempre com a família do pai e, desde seu adoecimento, vira um modelo na mencionada tia.

Eu tampouco duvidava que ela pertencesse a essa família tanto devido a seu talento e sua precocidade intelectual como também devido à sua predisposição à doença. Não conheci a mãe. Pelas informações do pai e da moça, fui levado a imaginar que era uma mulher pouco instruída, mas sobretudo pouco inteligente, que, em especial desde o adoecimento do marido e do distanciamento que se seguiu, concentrava todos os seus interesses na administração da casa, oferecendo assim a imagem daquilo que se pode chamar de "psicose de dona de casa". Sem compreensão pelos interesses mais vivazes dos filhos, ela passava o dia inteiro ocupada em limpar e manter limpos a casa, os móveis e os utensílios, numa medida que quase tornava impossível seu uso e usufruto. Não se pode deixar de comparar esse estado, do qual com bastante frequência se acham indícios em donas de casa normais, com formas de compulsão a lavar-se e outras compulsões à limpeza; só que em tais mulheres, como também na mãe de nossa paciente, falta completamente o reconhecimento da doença e, assim, uma característica essencial da "neurose obsessiva". A relação entre mãe e filha era bastante hostil já fazia anos. A filha ignorava a mãe, criticava-a duramente e tinha se esquivado inteiramente à sua influência.[6]

---

6. É verdade que não defendo o ponto de vista de que a única etiologia da histeria é a hereditariedade, mas, precisamente em vista de publicações anteriores ("A hereditariedade e a etiologia das neuroses", 1896 a) em que combato essa tese, não gostaria de despertar a impressão de que subestimo a hereditariedade na etiologia da histeria ou a considero absolutamente dispensável. Para o caso de nossa paciente, resulta uma carga patológica suficiente daquilo que foi comunicado sobre o pai e os irmãos dele; quem for da opinião de que estados (continua)

I. O quadro clínico

O único irmão da moça, um ano e meio mais velho, fora em anos anteriores o modelo que a ambição dela procurara seguir. As relações dos dois irmãos tinham se afrouxado nos últimos anos. O jovem buscava se esquivar ao máximo das confusões familiares; quando tinha de tomar partido, ficava do lado da mãe. Assim, a costumeira atração sexual aproximara pai e filha de um lado e mãe e filho do outro.

Nossa paciente, a quem daqui por diante quero chamar de Dora, já mostrava sintomas nervosos na idade de oito anos. Nessa época, ela adoeceu de uma permanente falta de ar, bastante agravada sob a forma de ataques, surgida pela primeira vez depois de uma pequena excursão pelas montanhas e que, por isso, foi atribuída ao esforço excessivo. O estado se desvaneceu lentamente no transcurso de um meio ano graças ao descanso e ao repouso impostos a ela.

(cont.) patológicos como o da mãe tampouco são possíveis sem predisposição hereditária poderá declarar que a hereditariedade deste caso é convergente. Um outro fator me parece mais significativo para a predisposição hereditária, ou melhor, constitucional da moça. Mencionei que o pai havia superado a sífilis antes do casamento. Bem, mas um percentual *notavelmente grande* de meus pacientes tratados psicanaliticamente são filhos de pai que sofreu de tabes ou paralisia. Em decorrência da novidade de meu procedimento terapêutico, tocam-me apenas os casos *mais graves*, já tratados por anos a fio sem qualquer sucesso. Quando se é adepto da teoria de Erb-Fournier, a tabes ou a paralisia do genitor podem ser admitidas como indicativo de uma infecção luética ocorrida, que, em alguns casos, também foi diretamente constatada por mim nesses genitores. Na última discussão sobre a descendência dos sifilíticos (XIII Congresso Internacional de Medicina, em Paris, de 2 a 9 de agosto de 1900, comunicações de Finger, Tarnowsky e Jullien, entre outros), sinto falta da menção ao fato, que minha experiência de neuropatologista me força a reconhecer, de que a sífilis dos genitores por certo conta como etiologia para a constituição neuropática dos filhos.

O médico da família não parece ter hesitado um momento em diagnosticar um transtorno puramente nervoso e excluir uma causação orgânica para a dispneia, mas evidentemente considerava tal diagnóstico compatível com a etiologia do esforço excessivo.[7]

A pequena passou sem dano permanente pelas habituais doenças infecciosas infantis. Segundo ela contou (com intenção simbolizadora!), o irmão era habitualmente o primeiro a contrair a doença, que o afetava em grau leve, ao que ela o seguia com sintomas graves. Por volta dos doze anos, surgiram nela dores de cabeça unilaterais que lembravam enxaqueca e ataques de tosse nervosa, de início sempre associados, até que os dois sintomas se separaram para experimentar um desenvolvimento diferente. A enxaqueca tornou-se mais rara e, aos dezesseis anos, foi superada. Os ataques de *tussis nervosa*, provavelmente ocasionados por um catarro comum, perduraram por todo esse tempo. Quando começou o tratamento comigo, aos dezoito anos, ela tossia novamente de maneira característica. O número desses ataques não era verificável, sua duração perfazia de três a cinco semanas e, certa vez, inclusive vários meses. Na primeira metade de um desses ataques, o sintoma mais incômodo, pelo menos nos últimos anos, fora a completa afonia. O diagnóstico de que se tratava outra vez de nervosidade estava estabelecido há muito; os variados tratamentos usuais, incluindo hidroterapia e eletrização local, não tiveram resultado. A criança que, sob essas condições, se tornara

---

7. Sobre o provável motivo desse primeiro adoecimento, ver mais adiante (p. 133).

I. O quadro clínico

uma moça madura, de julgamento bastante independente, acostumou-se a zombar dos esforços dos médicos e, por fim, a renunciar ao auxílio médico. De resto, ela se opusera desde sempre a recorrer ao médico, embora não tivesse qualquer antipatia pela pessoa do médico de sua família. Toda sugestão para consultar um novo médico provocava a resistência dela, e só a palavra de autoridade do pai a impeliu a mim.

Vi-a pela primeira vez no início do verão de seu décimo sexto ano, acometida por tosse e rouquidão, e já nessa época sugeri um tratamento psíquico, do qual se tomou distância quando esse ataque, que perdurava há mais tempo, passou de modo espontâneo. No inverno do ano seguinte, após a morte de sua querida tia, ela se encontrava em Viena na casa do tio e das filhas deste, e aí adoeceu febrilmente, um estado que na época foi diagnosticado como apendicite.[8] No outono seguinte, a família deixou definitivamente a estação termal de B., visto que a saúde do pai parecia permiti-lo, passando a residir de início no lugar onde se encontrava a fábrica do pai e, quase um ano mais tarde, de maneira permanente em Viena.

Nesse meio-tempo, Dora crescera e se tornara uma jovem florescente de feições inteligentes e agradáveis, mas que causava sérias preocupações aos pais. Os sintomas principais de sua doença passaram a ser desgosto e mudança de caráter. Ela evidentemente não estava satisfeita consigo mesma nem com os seus, tratava o pai com hostilidade e já não se entendia mais de forma alguma com a mãe, que a todo custo queria levá-la a tomar parte na administração

---
8. Acerca desse estado, ver a análise do segundo sonho (p. 159).

doméstica. Ela buscava evitar contato com outras pessoas; na medida em que o cansaço e a falta de concentração, dos quais se queixava, o permitiam, ocupava-se em assistir a conferências para mulheres e cultivava estudos mais sérios. Um dia, os pais ficaram apavorados por uma carta que encontraram em cima ou dentro da escrivaninha da moça na qual ela se despedia deles porque não conseguia mais suportar a vida.[9] É verdade que a sagacidade nada pequena do pai o fez supor que a moça não era dominada por qualquer intenção séria de suicídio, mas ele ficou abalado e, quando certo dia, após uma discussão insignificante entre pai e filha, esta sofreu um primeiro ataque de inconsciência[10] – que, além disso, sucumbiu à amnésia –, determinou-se, apesar de sua oposição, que ela deveria começar um tratamento comigo.

A história clínica que esbocei até aqui por certo não parece, no todo, digna de comunicação. Uma "*petite hystérie*" com os mais comuníssimos sintomas somáticos e psíquicos: dispneia, *tussis nervosa*, afonia e talvez ainda

---

9. Este tratamento e, assim, minha compreensão dos encadeamentos da história clínica se mantiveram, conforme já informei, como um fragmento. Por isso, não posso dar qualquer explicação a respeito de muitos pontos, ou então, utilizar apenas alusões e conjecturas. Quando essa carta veio à baila numa sessão, a moça perguntou, como se espantada: "Como foi que acharam a carta? Pois afinal ela estava trancada à chave em minha escrivaninha". Porém, visto que ela sabia que os pais tinham lido esse esboço de carta de despedida, deduzo que ela própria o fez cair em suas mãos.

10. Acredito que nesse ataque também se poderia observar convulsões e delírios. Porém, visto que a análise tampouco avançou até esse acontecimento, não disponho de qualquer lembrança garantida a respeito.

I. O quadro clínico

enxaqueca, além de desgosto, insociabilidade histérica e um *taedium vitae* [tédio da vida] provavelmente não tomado a sério. Por certo se publicaram histórias clínicas mais interessantes sobre histéricas e, com bastante frequência, mais cuidadosamente registradas, pois na sequência tampouco nada se achará a respeito de estigmas da sensibilidade cutânea, limitação do campo visual e coisas do gênero. Permito-me apenas observar que todas as coleções de fenômenos estranhos e espantosos da histeria não nos ajudaram muito na compreensão desse adoecimento ainda enigmático. O que nos faz falta é precisamente a explicação dos casos mais comuns e de seus sintomas mais frequentes, seus sintomas típicos. Eu estaria satisfeito se as circunstâncias me tivessem permitido dar a explicação completa desse caso de pequena histeria. A julgar por minhas experiências com outros pacientes, não duvido que meus recursos analíticos tivessem bastado para tanto.

Em 1896, pouco após a publicação de meus *Estudos sobre a histeria*, em coautoria com o dr. J. Breuer, pedi a um eminente colega que desse seu parecer sobre a teoria psicológica da histeria aí defendida. Ele respondeu sem cerimônias que a considerava uma generalização injustificada de conclusões que podem estar corretas para alguns poucos casos. Desde então, vi casos de histeria em abundância, ocupei-me por alguns dias, semanas ou anos de cada um deles e em nem um sequer notei a falta daquelas condições psíquicas que os *Estudos* postulam: o trauma psíquico, o conflito dos afetos e, conforme acrescentei em publicações posteriores, o abalo da esfera sexual. Quando se trata de coisas que se tornaram patogênicas graças a seu empenho em ocultar-se, por certo não se deve esperar que os pacientes as apresentem ao médico, nem cabe resignar-se diante do primeiro "não" que se opõe à investigação.[11]

No caso de minha paciente Dora, fiquei devendo à inteligência do pai, já destacada várias vezes, eu não precisar procurar por conta própria as ligações com a vida dela, pelo menos no que se refere à última conformação da doença. O pai me relatou que ele e sua família tinham travado em B. uma amizade íntima com um casal que há vários anos ali residia. A sra. K. cuidara dele durante seu grande adoecimento, conquistando assim um direito imperecível à sua gratidão. O sr. K. sempre fora muito amável com sua filha

---

11. Eis um exemplo deste último ponto. Um de meus colegas vienenses, cuja convicção quanto à irrelevância dos fatores sexuais para a histeria fora provavelmente bastante consolidada por tais experiências, resolveu fazer a uma moça de catorze anos, acometida por alarmantes vômitos histéricos, a embaraçosa pergunta sobre se ela talvez tivera alguma ligação amorosa. A criança respondeu que não, provavelmente com um espanto bem dissimulado, e, à sua maneira desrespeitosa, contou à mãe: "Imagine só, o imbecil chegou a me perguntar se estou apaixonada". Então ela começou um tratamento comigo e se revelou – embora não imediatamente na primeira conversa – uma masturbadora de longa data com intenso *fluor albus* [corrimento branco, leucorreia] (que tinha muita relação com os vômitos), que por fim perdera esse hábito por conta própria, mas que durante a abstinência fora atormentada pelo mais violento sentimento de culpa, de maneira que considerava todos os acidentes que atingiam a família como castigo divino pelo pecado dela. Além disso, ela se encontrava sob a influência do romance de sua tia, cuja gravidez fora do casamento (como segunda determinação dos vômitos) fora-lhe supostamente ocultada com sucesso. Julgavam-na uma "completa criança", mas mostrou-se que era iniciada em tudo o que é essencial nas relações sexuais.

I. O quadro clínico

Dora, fizera passeios com ela quando estava em B. e dera-lhe pequenos presentes, mas ninguém achara mal algum nisso. Dora cuidara dos dois filhos pequenos do casal K. da maneira mais diligente, fazendo as vezes de mãe para eles, por assim dizer. Quando pai e filha me procuraram durante o verão, há dois anos, estavam justamente viajando até onde se encontravam o sr. e a sra. K., que passavam o verão num de nossos lagos alpinos. Dora deveria ficar várias semanas na casa dos K., o pai pretendia voltar depois de poucos dias. O sr. K. também estava presente nessa estada. Mas quando o pai se preparava para partir, a moça declarou subitamente com a maior determinação que viajaria com ele, o que de fato fez. Somente alguns dias mais tarde ela deu a explicação para seu comportamento chamativo ao contar à mãe, para que esta repassasse tal informação ao pai, que o sr. K. se atrevera a fazer-lhe uma proposta amorosa durante uma caminhada que se seguira a um passeio pelo lago. O acusado, de quem o pai e o tio foram tirar satisfações na vez seguinte em que se encontraram, negou enfaticamente qualquer passo seu que merecesse tal interpretação e começou a lançar suspeitas sobre a moça, que, segundo informação da sra. K., só mostrava interesse por coisas sexuais e, na casa deles às margens do lago, lera inclusive a *Fisiologia do amor*, de Mantegazza, e livros semelhantes. Era provável que, atiçada por tal leitura, ela tivesse "imaginado" toda a cena que contara.

"Não duvido", disse o pai, "que esse incidente seja responsável pelo desgosto, pela irritação e pelas ideias suicidas de Dora. Ela exige de mim que eu corte relações com o sr. K. e em especial com a sra. K., a quem antes realmente venerava. Mas não posso fazê-lo, pois, em primeiro lugar, eu mesmo tomo o relato de Dora sobre a impertinência imoral de K. por uma fantasia que se impôs a ela; em segundo lugar, estou ligado à sra. K. por uma amizade sincera e não quero magoá-la. A pobre mulher é muito infeliz com o marido, de quem, aliás, não tenho a melhor opinião; ela mesma sofria bastante dos nervos e tem em mim seu único apoio. Considerando meu estado de saúde, por certo não preciso assegurar ao senhor que não há nada ilícito por trás dessa relação. Somos duas pobres criaturas que, na medida do possível, consolam-se uma à outra por meio de um interesse amistoso. O senhor sabe que não posso contar com minha própria mulher. Mas é impossível demover Dora, que tem a minha cabeça dura, de seu ódio contra os K. O último ataque dela ocorreu depois de uma conversa em que me fez novamente a mesma exigência. Tente o senhor, agora, colocá-la em caminhos melhores."

Não se harmonizava muito bem com essas revelações que o pai procurasse em outras falas imputar à mãe, cujas peculiaridades arruinavam a casa para todos, a culpa principal pela índole insuportável da filha. Porém, há muito me propusera adiar meu juízo acerca do real estado de coisas até ouvir também a outra parte.

A vivência com o sr. K. – a proposta amorosa e a subsequente ofensa à honra – forneceria portanto à nossa paciente Dora o trauma psíquico que, noutro momento, Breuer e eu estabelecêramos como precondição indispen-

I. O QUADRO CLÍNICO

sável para a origem de um quadro clínico histérico. Porém, esse novo caso também mostra todas as dificuldades que, desde então, me levaram a ir além dessa teoria[12], aumentadas por uma nova dificuldade de tipo particular. Pois o nosso conhecido trauma na história de vida, como ocorre com tanta frequência nas histórias clínicas histéricas, não serve para esclarecer, para determinar a singularidade dos sintomas; apreenderíamos tanto ou tão pouco do contexto se o resultado do trauma fossem sintomas diferentes de *tussis nervosa*, afonia, desgosto e *taedium vitae*. Porém, acrescenta-se o fato de que uma parte desses sintomas – a tosse e a afonia – já fora produzida pela paciente anos antes do trauma e que os primeiros sintomas pertencem propriamente à infância, visto que recaem no oitavo ano de vida. Assim, se não quisermos abandonar a teoria traumática, temos de retroceder até a infância para ali buscar influências ou impressões que possam agir analogamente a um trauma, e então é realmente notável que também a investigação de casos cujos primeiros sintomas não começaram já na

---

12. Fui além dessa teoria sem abandoná-la, quer dizer, hoje não a declaro incorreta, e sim incompleta. Abandonei apenas a ênfase no chamado estado hipnoide, que surgiria no doente por ocasião do trauma e assumiria a motivação pelos demais acontecimentos psicologicamente anormais. Se num trabalho conjunto for permitido fazer *a posteriori* uma separação de bens, gostaria de declarar aqui que a hipótese dos "estados hipnoides", na qual alguns avaliadores julgaram reconhecer o cerne de nosso trabalho, resultou por iniciativa exclusiva de Breuer. Considero supérfluo e desnorteador interromper devido a essa nomenclatura a continuidade do problema de saber em que consiste o processo psíquico na formação histérica de sintomas.

infância tenha me incitado a seguir a história de vida até os primeiros anos da infância.[13]

Depois de superadas as primeiras dificuldades do tratamento, Dora me comunicou uma vivência anterior com o sr. K. que era inclusive mais apropriada para atuar como trauma sexual. Na época, ela tinha catorze anos. O sr. K. havia combinado com ela e com a esposa que elas viriam de tarde à sua loja, na praça principal de B., para assistir dali a uma solenidade religiosa. Mas ele convenceu sua esposa a ficar em casa, liberou os vendedores e estava sozinho quando a moça entrou na loja. Quando se aproximava a hora da procissão, ele pediu à moça para esperá-lo, enquanto ele baixava as corrediças, junto à porta que levava da loja à escada que conduzia ao andar de cima. Em seguida ele voltou e, em vez de sair pela porta aberta, apertou a moça subitamente contra si e deu-lhe um beijo nos lábios. Essa era decerto a situação capaz de causar numa moça intocada de catorze anos uma nítida sensação de excitação sexual. Mas, nesse instante, Dora sentiu uma náusea violenta, soltou-se e correu, passando pelo homem, na direção da escada e de lá até a porta da rua. Não obstante, o contato com o sr. K. prosseguiu; nenhum deles jamais mencionou essa breve cena, e a moça também alegou tê-la conservado em segredo até a confissão no tratamento. De resto, depois disso ela evitou ficar sozinha com o sr. K. O casal K. tinha marcado na época uma excursão de vários dias da qual Dora também tomaria parte. Depois do beijo na loja, ela desistiu de participar, sem dar razões.

---

13. Ver meu artigo "Sobre a etiologia da histeria" (1896 *c*).

I. O quadro clínico

Nessa cena, a segunda da série e a primeira no tempo, o comportamento da criança de catorze anos já é inteira e plenamente histérico. Eu consideraria histérica, sem hesitar, toda pessoa, quer ela seja capaz de gerar sintomas somáticos ou não, em quem uma ocasião de excitação sexual produz sensações desprazerosas de maneira predominante ou exclusiva. Esclarecer o mecanismo dessa *inversão de afetos* continua sendo uma das tarefas mais significativas, ao mesmo tempo uma das mais difíceis, da psicologia das neuroses. Segundo meu próprio julgamento, um bom trecho de caminho ainda me separa dessa meta; porém, mesmo daquilo que sei só poderei apresentar uma parte no âmbito desta comunicação.

O caso de nossa paciente Dora ainda não está suficientemente caracterizado pelo destaque da inversão de afetos; é preciso dizer, além disso, que ocorreu aí um *deslocamento* da sensação. Em lugar da sensação genital, que certamente não teria faltado numa moça saudável sob tais circunstâncias[14], ocorre nela a sensação de desprazer que corresponde ao trato mucoso da entrada do canal digestivo, a náusea. A excitação dos lábios pelo beijo certamente teve influência sobre essa localização; porém, acredito reconhecer ainda o efeito de um outro fator.[15]

---

14. A apreciação dessas circunstâncias será facilitada por um esclarecimento posterior (ver p. 138-9).
15. A náusea de Dora por ocasião desse beijo certamente não tinha causas acidentais; estas teriam sido lembradas e mencionadas sem falta. Por acaso, conheço o sr. K.; é a mesma pessoa que acompanhou o pai da paciente ao meu consultório (p. 55), um homem ainda jovem de aparência cativante.

A náusea sentida por Dora naquele momento não se tornou um sintoma duradouro; mesmo na época do tratamento ele só existia potencialmente, por assim dizer. Ela comia mal e admitiu uma ligeira aversão a alimentos. Em compensação, aquela cena deixou uma outra consequência, uma alucinação sensorial que reaparecia de tempos em tempos também durante seu relato. Ela disse que sentia ainda agora, na parte superior do corpo, a pressão daquele abraço. De acordo com certas regras da formação de sintomas das quais tomei conhecimento, em ligação com outras peculiaridades, de outro modo inexplicáveis, da paciente, que, por exemplo, não queria passar por homem algum a quem visse parado mantendo um diálogo vivaz ou afetuoso com uma mulher, fiz a seguinte reconstrução do desenrolar daquela cena. Penso que durante o impetuoso abraço ela não sentiu apenas o beijo sobre os lábios, mas também a pressão do membro ereto contra seu corpo. Essa percepção, chocante para ela, foi afastada da memória, recalcada e substituída pela sensação inofensiva da pressão contra o tórax, que obtém da fonte recalcada sua enorme intensidade. Portanto, um novo deslocamento da parte inferior do corpo à superior.[16] A compulsão em seu comportamento, ao contrário, é formada de tal maneira como se partisse da

---

16. Tais deslocamentos não são porventura supostos para os fins desta única explicação, mas resultam como exigência impreterível para uma grande série de sintomas. Desde então, observei o mesmo efeito de susto de um abraço (sem beijo) no caso de uma noiva, antes ternamente apaixonada, que me procurou devido à repentina frieza em relação ao noivo, a qual teve início em meio a uma depressão mais grave. Nesse caso, não houve maiores dificuldades em explicar o susto atribuindo-o à ereção do homem, que fora percebida, mas eliminada da consciência.

I. O quadro clínico

lembrança inalterada. Ela não gosta de passar por homem algum em quem suponha uma excitação sexual, pois não quer ver outra vez o sinal somático desta.

É notável como aqui três sintomas – a náusea, a sensação de pressão contra a parte superior do corpo e o medo de homens em diálogo afetuoso – partem de uma vivência e como apenas a relação mútua desses três sinais possibilita a compreensão do desenrolar da formação de sintomas. A náusea corresponde ao sintoma recalcador da zona erógena labial (mal-acostumada pelo chupar infantil, conforme veremos). A pressão do membro ereto provavelmente causou a mudança análoga no órgão feminino correspondente, o clitóris, e a excitação dessa segunda zona erógena foi fixada por deslocamento à sensação simultânea de pressão contra o tórax. O medo de homens em possível estado de excitação sexual segue o mecanismo de uma fobia, a fim de precaver a moça contra uma nova reanimação da percepção recalcada.

Para demonstrar a possibilidade dessa complementação, perguntei da maneira mais cautelosa à paciente se ela sabia algo sobre os sinais físicos da excitação no corpo do homem. A resposta para hoje foi sim; para aquela época, ela achava que não. No caso dessa paciente, desde o início empreguei o maior cuidado para não lhe fornecer qualquer novo conhecimento do âmbito da vida sexual, e isso não por escrúpulo, e sim porque eu queria submeter meus pressupostos nesse caso a uma dura prova. Assim, eu só chamava uma coisa pelo nome quando as alusões demasiadamente claras da paciente deixavam a tradução ao nome direto parecer uma façanha bastante insignificante. Sua resposta pronta e honesta também ia regularmente no sentido de que aquilo já lhe era conhecido, mas o enigma sobre *de onde* afinal o sabia não podia ser resolvido por suas lembranças. Ela havia esquecido a origem de todos esses conhecimentos.[17]

Se me for permitido imaginar assim a cena do beijo na loja, chego à seguinte derivação para a náusea.[18] A sensação de náusea parece, afinal, ser originalmente a reação ao cheiro (mais tarde também à visão) dos excrementos. Porém, os genitais e, em especial, o membro masculino podem lembrar as funções excretoras porque o órgão, além da função sexual, também serve à excreção da urina. Essa função é inclusive a primeira a ser conhecida e, na época pré-sexual, a única conhecida. É dessa forma que o nojo passa a fazer parte das manifestações de afeto[19] da vida sexual. Trata-se do *inter urinas et faeces nascimur*[20] do padre da Igreja, inerente à vida sexual e que, apesar de todo o empenho idealizador, não pode ser separado dela. No entanto, quero destacar expressamente meu ponto de vista de não considerar o problema resolvido pela demonstração desse caminho associativo. Se essa associação pode ser despertada, isso ainda não esclarece o fato de sê-lo. Ela não é despertada sob circunstâncias nor-

---

17. Ver o segundo sonho.
18. Tanto aqui como em todos os trechos parecidos, é preciso estar preparado não para uma fundamentação simples, mas múltipla, para a *sobredeterminação*.
19. Em alemão, *Affekt*. Tanto no uso corrente da língua alemã quanto no contexto psicanalítico, o termo designa mais do que a mera "afeição" por algo ou alguém, referindo-se antes a qualquer estado fortemente emotivo (de irritação, desespero, ciúmes etc.). (N.T.)
20. "Nascemos entre urina e fezes." A expressão costuma ser atribuída a Santo Agostinho. (N.T.)

I. O QUADRO CLÍNICO

mais. O conhecimento dos caminhos não torna supérfluo o conhecimento das forças que percorrem esses caminhos.[21]

De resto, não me foi fácil dirigir a atenção de minha paciente à sua relação com o sr. K. Ela afirmava ter cortado o contato com essa pessoa. A camada superior de todas as ocorrências durante as sessões, tudo o que vinha facilmente à sua consciência e o que se lembrava do dia anterior como sendo consciente referia-se sempre ao pai. Era plenamente correto que ela não pudesse perdoar o pai por continuar sua relação com o sr. e em especial com a sra. K. A ideia que ela fazia dessa relação era por certo diferente daquela defendida pelo pai. Para ela, não havia dúvida que aquilo que ligava o pai à jovem e bela mulher era uma relação amorosa comum. Nada que pudesse contribuir para corroborar essa tese escapara à sua percepção, implacavelmente aguçada nesse ponto; *não havia aí qualquer lacuna em sua memória*. A relação com os K. já começara antes do grave adoecimento do pai; porém, só se tornara íntima quando, durante essa doença, a jovem mulher se arvorou literalmente em enfermeira, enquanto a mãe de Dora se mantinha longe do leito do doente. Na primeira estadia de verão após a convalescença, ocorreram coisas que tinham de abrir os olhos

---

21. Em todas estas discussões há muitas coisas típicas e de validade universal para a histeria. O tema da ereção resolve alguns dos mais interessantes entre os sintomas histéricos. A atenção feminina aos contornos dos genitais masculinos perceptíveis através das roupas se torna, após seu recalcamento, o motivo de muitíssimos casos de timidez e medo da sociedade. A ampla ligação entre o sexual e o excrementício, cuja importância patogênica por certo não pode ser estimada o bastante, serve de base a um número extremamente abundante de fobias histéricas.

de qualquer um sobre a real natureza dessa "amizade". As duas famílias haviam alugado conjuntamente uma ala do hotel, e então sucedeu um dia de a sra. K. declarar que não podia continuar no quarto que até então partilhara com um dos filhos, e, poucos dias depois, o pai de Dora desistiu de seu quarto e ambos, ele e a sra. K., ocuparam novos quartos, os quartos finais, separados apenas pelo corredor, enquanto os aposentos abandonados não ofereciam tal garantia contra perturbação. Quando Dora, mais tarde, fazia recriminações ao pai devido à sra. K., ele costumava dizer que não entendia essa hostilidade, que os filhos tinham, isto sim, todos os motivos para serem gratos à sra. K. A mãe, a quem Dora então se dirigiu pedindo esclarecimento dessa fala obscura, comunicou-lhe que na época o pai estava tão infeliz que quis cometer suicídio no mato; mas a sra. K., que suspeitara disso, fora atrás dele, convencendo-o com suas súplicas a ficar vivo para sua família. Dora obviamente não acreditava nisso; por certo as pessoas viram os dois juntos no mato e então o pai inventou essa história da carochinha sobre o suicídio para justificar o encontro.[22] Então, quando eles retornaram a B., o pai ficava diariamente, em determinadas horas, com a sra. K. enquanto o marido dela estava na loja. Todas as pessoas, segundo Dora, falaram disso e a interrogaram de maneira reveladora a respeito. O próprio sr. K. se queixara amargamente muitas vezes para a mãe de Dora, poupando-a, porém, de aludir ao assunto, o que ela parecia considerar uma delicadeza dele. Nos passeios em

---

22. Essa foi a ligação com a sua própria comédia de suicídio, a qual talvez expresse, portanto, o anseio por um amor semelhante.

I. O QUADRO CLÍNICO

conjunto, o pai e a sra. K. sabiam geralmente organizar as coisas de tal jeito a ficarem sozinhos. Sem dúvida ela aceitava dinheiro dele, pois fazia despesas impossíveis de saldar com seus próprios recursos ou os do marido. O pai também começou a dar-lhe grandes presentes; para disfarçá-los, tornou-se ao mesmo tempo especialmente generoso em relação à mãe e a ela própria (Dora). A até então adoentada sra. K., que precisou inclusive ficar internada por meses num sanatório para doentes dos nervos porque não conseguia andar, estava desde então saudável e cheia de frescor vital.

Mesmo depois que haviam deixado B., a relação de vários anos prosseguiu, pois o pai declarava de tempos em tempos que não suportava o clima inóspito, que tinha de fazer algo por si, começava a tossir e a se queixar, até que de repente partia em viagem a B., de onde escrevia cartas animadíssimas. Todas essas doenças eram apenas pretextos para rever sua amiga. Então, um dia, Dora foi informada de que se mudariam para Viena, e começou a suspeitar de uma conexão. E, de fato, mal fazia três semanas que estavam em Viena quando ela soube que os K. igualmente haviam se mudado para lá. Segundo Dora, eles também estavam na cidade atualmente, e ela encontrava o pai com frequência na rua com a sra. K. Também topava muitas vezes com o sr. K., que sempre a seguia com o olhar e, quando uma vez a encontrou caminhando sozinha, seguiu-a por um longo trecho para se convencer de onde ela ia, de que talvez não tivesse um encontro.

Segundo Dora, o pai era fingido, tinha um traço de falsidade em seu caráter, pensava apenas em sua própria satisfação e possuía o dom de dispor as coisas do modo que melhor lhe conviesse; ouvi tal crítica em especial nos dias em que o pai voltou a sentir que seu estado tinha piorado e partira em viagem a B. por várias semanas, ao que a perspicaz Dora logo descobrira que também a sra. K. havia empreendido uma viagem com o mesmo destino para visitar seus parentes.

 Não pude contestar a caracterização do pai em geral; também era fácil de ver a respeito de qual recriminação específica Dora estava com a razão. Quando estava irritada, impunha-se a ela a ideia de que fora entregue ao sr. K. como preço pela tolerância dele às relações entre o pai dela e a sra. K., e, por trás da ternura pelo pai, podia-se presumir a raiva dela por tal utilização. Em outros momentos, ela por certo sabia que estava cometendo um exagero com tais falas. Naturalmente, os dois homens jamais tinham selado um pacto formal em que Dora fosse tratada como objeto de troca; o pai, sobretudo, teria recuado com horror frente a tal desaforo. No entanto, ele era daqueles homens que sabiam aparar as arestas cortantes de um conflito ao falsificar o julgamento acerca de um dos temas que entraram em oposição. Se alguém tivesse chamado sua atenção para a possibilidade de que poderia ser arriscado para uma adolescente conviver de maneira constante e não supervisionada com um homem não satisfeito pela mulher, ele certamente teria respondido que podia confiar em sua filha, que um homem como K. jamais poderia se tornar um risco para ela e que seu amigo seria incapaz de tais intenções. Ou então diria que Dora ainda era uma criança e assim era tratada por K. Mas, na realidade, as coisas assumiram uma feição

I. O quadro clínico

tal que cada um dos dois homens evitava tirar do comportamento do outro aquela conclusão que era incômoda para seus próprios desejos. Permitiu-se ao sr. K., quando estava presente, mandar flores para Dora todos os dias durante um ano, aproveitar toda ocasião para dar-lhe presentes caríssimos e passar todo o seu tempo livre na companhia dela sem que os pais reconhecessem nesse comportamento o caráter do cortejo amoroso.

Quando no tratamento psicanalítico emerge uma série de pensamentos corretamente fundamentada e irrefutável, há por certo para o médico um instante de constrangimento que o doente aproveita para perguntar: "Tudo isso é verdadeiro e correto, certo? O que o senhor quer mudar nisso se foi o que lhe contei?". Logo se percebe que tais pensamentos inatacáveis para a análise foram aproveitados pelo doente para ocultar outros, que pretendem se esquivar à crítica e à consciência. Uma série de recriminações contra outras pessoas faz supor uma série de autorrecriminações de igual conteúdo. Precisa-se apenas reverter cada recriminação particular para a própria pessoa do falante. Essa maneira de se defender de uma autorrecriminação, apresentando a mesma recriminação contra outra pessoa, tem algo de inegavelmente automático. Ela encontra seu modelo nas "devoluções" das crianças, que respondem sem hesitar: "Você é um mentiroso" quando acusadas de mentir. No empenho de devolver um insulto, o adulto buscaria alguma fraqueza real do oponente e não colocaria a ênfase principal na repetição do mesmo conteúdo. Na paranoia, essa projeção da recriminação a uma outra pessoa, sem mudança de conteúdo e, assim, sem apoio na realidade, torna-se manifesta como processo formador de delírios.

As recriminações de Dora contra o pai também eram "forradas", "revestidas" de ponta a ponta com autorrecriminações de igual conteúdo, conforme mostraremos em pormenores: ela tinha razão quanto ao fato de o pai não querer se dar conta do comportamento do sr. K. em relação a ela para não ser atrapalhado em sua relação com a sra. K. Mas ela fizera exatamente o mesmo. Ela se tornara cúmplice dessa relação e rejeitara todos os indícios que surgiram sobre a verdadeira natureza desta. A clareza dela a respeito e suas rigorosas exigências ao pai datavam apenas desde a aventura no lago. Durante todos os anos anteriores ela favorecera de todas as formas possíveis a relação do pai com a sra. K. Nunca ia à casa desta quando supunha que o pai lá estivesse. Ela sabia que então as crianças teriam sido mandadas embora, ajustava seu caminho de maneira a encontrá-las e ia passear com elas. Houvera uma pessoa na casa que quis abrir prematuramente os olhos de Dora acerca das relações do pai com a sra. K. e incitá-la a tomar partido contra essa senhora. Fora a última governanta de Dora, uma moça mais velha, muito lida e de opiniões liberais.[23] Professora e aluna foram boas amigas por um tempo,

---

23. Essa governanta, que lia todos os livros sobre vida sexual e assuntos afins, falando com Dora a propósito, mas pedindo-lhe francamente para ocultar dos pais tudo a esse respeito, já que afinal não se podia saber que ponto de vista eles adotariam – nessa moça busquei por algum tempo a fonte de todo o conhecimento secreto de Dora, e talvez não me enganasse inteiramente.

I. O quadro clínico

até que Dora se inimizou repentinamente com ela e insistiu em sua demissão. Enquanto tivera influência, essa senhorita a usara para incitar o ódio contra a sra. K. Ela explicava à mãe de Dora que era incompatível com sua dignidade tolerar tal intimidade do marido com uma estranha; ela também chamava a atenção de Dora para tudo o que havia de estranho nessa relação. Porém, seus esforços foram em vão; Dora continuou ternamente afeiçoada à sra. K. e não queria saber de motivo algum para achar escandalosa a relação do pai com ela. Por outro lado, Dora percebeu muito bem os motivos que moviam sua governanta. Cega em relação a um dos lados, era bastante perspicaz em relação ao outro. Ela notou que a senhorita estava apaixonada pelo pai. Quando o pai estava presente, a governanta parecia uma pessoa completamente diferente; nessas ocasiões ela podia ser divertida e prestativa. Na época em que a família morava na cidade da fábrica e a sra. K. estava fora do horizonte, a governanta incitava o ódio contra a mãe, visto que era então a rival a considerar. Dora ainda não a levara a mal por isso tudo. Ela só se enfureceu ao perceber que ela própria era inteiramente indiferente para a governanta e que o amor que esta lhe demonstrava se dirigia de fato ao pai. Quando o pai se ausentava da cidade da fábrica, a senhorita não tinha tempo para ela, não queria passear com ela e não se interessava por seus trabalhos. Mal o pai voltava de B., ela já se mostrava outra vez disposta a prestar todos os serviços e auxílios. Foi então que Dora desistiu dela.

Com clareza indesejada, a infeliz iluminara uma parte do comportamento da própria Dora. Tal como a senhorita agira de tempos em tempos para com ela, assim Dora agira para com os filhos do sr. K. Ela fazia as vezes de mãe para eles, instruía-os, saía com eles, criou-lhes um sucedâneo completo para o escasso interesse que a própria mãe demonstrava por eles. O sr. e a sra. K. falavam frequentemente em separação; ela não ocorreu, pois o sr. K., que era um pai afetuoso, não queria renunciar a nenhum dos dois filhos. O interesse comum pelos filhos fora desde o início um aglutinante na relação entre o sr. K. e Dora. A ocupação com as crianças era evidentemente para Dora o manto destinado a ocultar, dela mesma e de estranhos, alguma outra coisa.

De seu comportamento em relação às crianças, tal como fora elucidado pelo comportamento da senhorita em relação a ela própria, derivava-se a mesma conclusão que se derivara de sua concordância tácita com o relacionamento entre o pai e a sra. K., a saber, o fato de que estivera apaixonada pelo sr. K. ao longo de todos esses anos. Quando enunciei essa conclusão, não obtive sua concordância. É verdade que ela logo relatou que outras pessoas – como uma prima, por exemplo, que estava de visita em B. por um tempo – também lhe disseram: "Mas você está completamente doida por esse homem!"; ela mesma, porém, afirmava não se recordar desses sentimentos. Mais tarde, quando a abundância do material que emergia dificultou uma negação, ela admitiu que podia ter amado o sr. K. em B., mas que esse amor acabara desde a cena no lago.[24] De qualquer modo, era certo que a recriminação de fechar os ouvidos a deveres impreteríveis e ajeitar as coisas da maneira

---

24. Ver o segundo sonho.

I. O quadro clínico

que fosse cômoda aos próprios sentimentos apaixonados – a recriminação que ela apresentava contra o pai – recaía sobre sua própria pessoa.[25]

A outra recriminação, de que ele criava suas doenças como pretextos e as usava como expedientes, cobre, mais uma vez, uma parte considerável da própria história secreta da paciente. Certo dia, ela se queixava de um suposto novo sintoma, dores agudas de estômago, e, quando perguntei: "Quem a senhorita está copiando com isso?", acertei na mosca. No dia anterior, ela tinha visitado suas primas, as filhas da falecida tia. A mais jovem noivara, a mais velha tinha adoecido de dores de estômago por ocasião desse noivado e seria levada a Semmering.[26] Ela achava se tratar apenas de inveja da mais velha, que sempre ficava doente quando queria alguma coisa, e agora ela queria justamente sair de casa para não precisar testemunhar a alegria da irmã.[27] Porém, as dores de estômago da própria Dora diziam que ela se identificava com a prima que fora declarada simuladora, seja porque também invejava o amor da prima mais feliz, ou porque via seu próprio destino refletido no da irmã mais velha, para quem, pouco antes, um caso

---

25. Aqui se levanta a questão: se Dora amava o sr. K., como se fundamenta sua rejeição na cena do lago, ou, pelo menos, a forma brutal dessa rejeição, forma que indica exasperação? Como é que uma moça apaixonada podia ver uma ofensa num cortejo que – conforme veremos mais adiante – não era de forma alguma grosseiro ou chocante?
26. Elegante estância termal nas montanhas, cerca de oitenta quilômetros ao sul de Viena. (Nota dos editores da *Freud-Studienausgabe*, doravante N.E.)
27. Um acontecimento cotidiano entre irmãs.

amoroso terminara mal.[28] Porém, o modo como as doenças podem ser utilmente empregadas foi algo que ela também observara na sra. K. O sr. K. viajava uma parte do ano; sempre que voltava, encontrava a mulher doente, ela que, ainda um dia antes, como Dora sabia, estivera bem de saúde. Dora compreendeu que a presença do marido fazia adoecer a mulher e que a doença lhe era bem-vinda para escapar aos odiosos deveres conjugais. Uma observação sobre sua própria alternância entre doença e saúde durante os primeiros anos de menina passados em B., subitamente inserida nesse ponto, levou-me à conjectura de que cabia considerar que os estados da própria Dora apresentavam uma dependência semelhante aos da sra. K. Pois, na técnica da psicanálise, tem valor de regra o fato de um nexo interno, mas ainda oculto, se manifestar pela contiguidade, pela vizinhança temporal das ideias, exatamente como as letras *d* e *e* postas lado a lado na escrita significam que daí se deve formar a sílaba *de*. Dora apresentara uma infinidade de ataques de tosse com afonia; teriam a presença ou a ausência do amado exercido alguma influência sobre esse ir e vir dos sintomas patológicos? Se esse era o caso, seria possível demonstrar uma coincidência denunciadora em algum lugar. Perguntei qual fora o tempo médio de duração desses ataques. Cerca de três a seis semanas. Quanto duravam as ausências do sr. K.? Ela teve de admitir que também duravam de três a seis semanas. Assim, ela demonstrava com sua doença o amor por K., tal como a esposa demonstrava sua aversão. Apenas

---

28. A conclusão adicional que tirei das dores de estômago será tratada mais adiante (p. 131).

I. O quadro clínico

cabia supor que ela se comportava de maneira inversa à da esposa: doente quando ele estava ausente, e saudável depois de seu retorno. E isso realmente parecia correto, pelo menos quanto a um primeiro período dos ataques; em momentos posteriores, surgiu por certo uma necessidade de apagar a coincidência entre os ataques de doença e a ausência do homem secretamente amado, de maneira que o segredo não fosse revelado por essa constância. Então a duração do ataque permaneceu como marca de seu significado original.

Lembrei-me que há tempos vira e ouvira na clínica de Charcot que, no caso de pessoas com mutismo histérico, a escrita entra vicariamente no lugar da fala. Elas escrevem com mais facilidade, mais rapidez e melhor do que as outras pessoas e do que antes. O mesmo acontecera com Dora. Nos primeiros dias de sua afonia, "a escrita sempre lhe era especialmente fácil". Essa peculiaridade, como expressão de uma função fisiológica substitutiva criada pela necessidade, não exigia afinal propriamente qualquer explicação psicológica; porém, era notável o fato de ser fácil obtê-la. O sr. K. escrevia-lhe bastante quando em viagem e mandava-lhe cartões-postais; acontecia de só ela ter sido informada da data do retorno dele e a esposa ser surpreendida por sua chegada. De resto, o fato de alguém se corresponder com a pessoa ausente com quem não pode falar dificilmente é menos natural que o de buscar se fazer entender pela escrita quando a voz falha. A afonia de Dora admitia portanto a seguinte interpretação simbólica: quando o amado estava longe, ela renunciava à fala; esta tinha perdido seu valor, visto que não podia falar com *ele*. Em compensação, a escrita adquiria importância como único meio de se colocar em contato com o homem ausente.

Bem, mas irei porventura apresentar a tese de que em todos os casos de afonia periódica cabe diagnosticar a existência de um amado temporariamente ausente? Minha intenção por certo não é essa. A determinação do sintoma no caso de Dora é demasiado específica para que se pudesse pensar numa repetição frequente da mesma etiologia acidental. No entanto, que valor tem então a explicação da afonia em nosso caso? Não nos deixamos, antes, enganar por um jogo trocista? Creio que não. A propósito disso é preciso lembrar da questão, tantas vezes colocada, sobre os sintomas da histeria serem de origem psíquica ou somática, ou, caso admitida a primeira, serem todos necessariamente condicionados de forma psíquica. Essa questão, como tantas outras em cuja resposta vemos os pesquisadores se empenharem repetidamente sem sucesso, não é adequada. O real estado de coisas não está incluído na alternativa. Até onde posso ver, todo sintoma histérico precisa da contribuição de ambos os lados. Ele não pode ocorrer sem uma certa *condescendência somática*, que é fornecida por um processo normal ou patológico em um órgão do corpo ou com esse órgão. Isso não acontece mais de uma vez – e é próprio do caráter do sintoma histérico a capacidade de repetir-se – se não tiver um significado psíquico, um *sentido*. O sintoma histérico não traz esse sentido consigo; este lhe é conferido, por assim dizer soldado nele, e pode ser diferente em cada caso de acordo com a constituição dos pensamentos

I. O quadro clínico

reprimidos que lutam por expressão. Contudo, uma série de fatores atua para que as relações entre os pensamentos inconscientes e os processos somáticos à disposição destes como meio expressivo se configurem de uma maneira menos arbitrária e se aproximem de várias associações típicas. Para a terapia, as determinações presentes no material psíquico acidental são as mais importantes; resolvemos os sintomas ao investigarmos seu significado psíquico. Quando então tivermos removido o que pode ser eliminado via psicanálise, podemos ter toda sorte de ideias, provavelmente corretas, sobre os fundamentos somáticos, via de regra orgânico-constitucionais, dos sintomas. Quanto aos ataques de tosse e afonia de Dora, tampouco nos limitaremos à interpretação psicanalítica, mas apontaremos por trás desta o fator orgânico do qual partiu a "condescendência somática" para com a expressão da afeição por um amado temporariamente ausente. E se a ligação entre expressão sintomática e conteúdo inconsciente de pensamentos nos impressionar nesse caso por ser habilidosa e engenhosamente feita, veremos de bom grado que ela é capaz de alcançar a mesma impressão em qualquer outro caso, em qualquer outro exemplo.

Agora estou preparado para ouvir que é um ganho bastante medíocre se assim, graças à psicanálise, não mais devemos buscar o enigma da histeria na "labilidade especial das moléculas nervosas" ou na possibilidade dos estados hipnoides, e sim na "condescendência somática".

Contra essa observação, quero ressaltar que dessa forma o enigma não só é empurrado um pouco para trás, mas também um pouco diminuído. Não se trata mais do enigma inteiro, mas daquela parte dele que contém o caráter particular da histeria *em contraste* com outras psiconeuroses. Em todas as psiconeuroses, os processos psíquicos são os mesmos numa extensão considerável; só então entra em conta a "condescendência somática", que propicia aos processos psíquicos inconscientes uma saída rumo ao âmbito físico. Quando esse fator não está disponível, o estado todo se transforma em algo diferente de um sintoma histérico, mas, ainda assim, algo aparentado, talvez uma fobia ou uma ideia obsessiva; em suma, um sintoma psíquico.

Volto à recriminação de "simulação" de doenças feita por Dora ao pai. Logo percebemos que lhe correspondiam não apenas autorrecriminações relativas a estados patológicos anteriores, mas também a estados do presente. Neste ponto, a tarefa costumeira do médico é descobrir e complementar o que a análise só lhe fornece mediante alusões. Tive de chamar a atenção da paciente para o fato de sua doença atual ser exatamente tão motivada e tendenciosa quanto a doença, que ela compreendera, da sra. K. Disse--lhe que não havia dúvida de que ela tinha em vista um objetivo que esperava alcançar através da doença. Mas este não podia ser outro senão afastar o pai da sra. K. Ela não o atingiu à base de súplicas e argumentos; talvez esperasse consegui-lo ao apavorar o pai (vide a carta de despedida) e despertar sua compaixão (com os desmaios), mas, se nada disso adiantasse, pelo menos se vingaria dele. Ela bem sabia o quanto ele gostava dela e que sempre lhe vinham

I. O quadro clínico

lágrimas aos olhos quando lhe perguntavam pela saúde da filha. Eu estava inteiramente convencido de que ela logo estaria saudável se o pai lhe declarasse que sacrificaria a sra. K. pela saúde dela. Eu esperava que ele não se deixasse levar a isso, pois então ela se daria conta do instrumento de poder que tinha nas mãos e por certo não deixaria de se valer de suas possibilidades de doença em todas as ocasiões futuras. Porém, se o pai não cedesse – disse-lhe por fim –, eu estava plenamente preparado para o fato de que ela não renunciaria tão facilmente à doença.

Passo por cima dos detalhes a partir dos quais se verificou o quanto tudo isso era perfeitamente correto, preferindo acrescentar algumas observações gerais sobre o papel dos *motivos patológicos* na histeria. Conceitualmente, cabe separar de forma nítida os motivos para adoecimento e as possibilidades patológicas, o material de que os sintomas são feitos. Os motivos não têm participação na formação dos sintomas, tampouco existem no início da doença; eles se agregam apenas de maneira secundária, mas só com seu aparecimento a doença está plenamente constituída.[29] Pode-se

---

29. [*Acréscimo de 1923:*] Nem tudo está certo aqui. A afirmação de que os motivos patológicos não existem no início da doença e que se agregam apenas secundariamente não pode ser sustentada. Na página seguinte já se mencionam motivos para adoecer que existem antes da irrupção da doença e que são cúmplices nessa irrupção. Mais tarde, considerei com mais atenção o estado de coisas ao introduzir a distinção entre *ganho primário e ganho secundário da doença*. O motivo para adoecer, afinal, é sempre a intenção de obter um ganho. Para o ganho secundário da doença, está correto o que é dito nas demais frases desse parágrafo. Porém, cabe reconhecer um ganho primário para todo (continua)

contar com a existência desses motivos em todos os casos que significam um sofrimento real e que perduram há mais tempo. De início, o sintoma é para a vida psíquica um hóspede inconveniente, tem tudo contra si e por isso também se desvanece tão facilmente por conta própria, segundo parece, devido à influência do tempo. No princípio, ele não tem qualquer emprego útil na economia psíquica, mas, com bastante frequência, obtém tal emprego secundariamente; uma corrente psíquica qualquer considera cômodo servir-se do sintoma, e assim este alcança uma *função secundária* e como que se ancora na vida psíquica. Quem quiser restabelecer a saúde do doente, esbarra então, para seu espanto, numa grande resistência, que o ensina que a intenção do doente de renunciar ao padecer não é tão plena, tão inteiramente séria.[30] Imaginemos um operário, talvez um telhador, que tenha ficado aleijado devido a uma queda e agora passa a vida mendigando na esquina. Vem então um milagreiro e promete-lhe endireitar a perna torta e deixá-la em condições de caminhar. Acho que não se deve contar com uma

---

(cont.) adoecimento neurótico. O adoecer poupa de início uma atividade psíquica, revela-se como a solução economicamente mais cômoda no caso de um conflito psíquico (*refúgio na doença*), ainda que mais tarde, na maioria dos casos, a inadequação de tal saída se mostre de maneira inequívoca. Essa parte do ganho primário da doença pode ser designada de *interna*, psicológica; ela é, por assim dizer, constante. Além disso, fatores externos, como a situação, citada como exemplo [no parágrafo seguinte do texto], da mulher oprimida pelo marido, podem fornecer motivos para o adoecimento e assim produzir a parte *externa* do ganho primário da doença.
30. Um escritor que, no entanto, também é médico, Arthur Schnitzler, deu uma expressão muito correta a esse conhecimento em seu *Paracelsus*.

I. O quadro clínico

expressão de especial bem-aventurança em seu rosto. Ele por certo se sentiu extremamente infeliz quando sofreu a lesão, percebeu que jamais poderia trabalhar outra vez e que teria de morrer de fome ou viver de esmolas. Mas, desde então, o que de início o deixou desempregado tornou-se sua fonte de renda; ele vive de sua condição de aleijado. Se o privarmos dela, talvez o deixemos inteiramente desamparado; nesse meio-tempo, ele esqueceu seu ofício, perdeu seus hábitos de trabalho, habituou-se ao ócio e talvez também à bebida.

Os motivos para adoecer começam a se manifestar com frequência já na infância. A menina faminta de amor, que de mau grado divide a ternura dos pais com os irmãos, percebe que esta volta a lhe afluir plenamente quando os pais se afligem com seu adoecimento. Agora ela conhece um meio de arrancar o amor dos pais e irá servir-se dele tão logo esteja à sua disposição o material psíquico para produzir doenças. Uma vez que se tornou mulher e, em inteira contradição com as exigências de sua infância, casou-se com um homem pouco respeitoso que reprime sua vontade, que explora impiedosamente sua força de trabalho e não lhe dedica ternura nem gastos pecuniários, então a doença se torna a única arma dela para afirmar-se na vida. A doença lhe proporciona o almejado repouso, força o marido a sacrifícios de dinheiro e de consideração que não teria feito à esposa saudável, obriga-o a tratá-la com cautela em caso de recuperação, pois, do contrário, a recaída será iminente. O aspecto aparentemente objetivo e involuntário do estado doentio, também corroborado pelo médico responsável pelo tratamento, possibilita-lhe, sem recriminações conscientes, esse emprego oportuno de um meio que ela descobriu ser eficiente nos anos de infância.

E, no entanto, esse adoecer é obra da intenção! Os estados patológicos são, via de regra, destinados a certa pessoa, de modo que desapareçam com seu afastamento. O juízo mais grosseiro e mais banal sobre a doença das histéricas, que pode ser ouvido de parentes sem instrução e de enfermeiras, está, em certo sentido, correto. É verdade que a mulher, de cama e paralisada, saltaria do leito se começasse um incêndio no quarto, que a mulher mimada esqueceria todos os sofrimentos se um filho adoecesse com risco de morte ou uma catástrofe ameaçasse a situação da casa. Todos os que falam dessa maneira das doentes têm razão, exceto ao negligenciar a diferença psicológica entre consciente e inconsciente, o que talvez ainda seja permitido no caso da criança, mas não é mais admissível no caso do adulto. Por isso, de nada servem à doente todas essas garantias de que as coisas só dependem da sua vontade, assim como todos os encorajamentos e insultos. É preciso tentar primeiro convencer a própria doente, pelo caminho mais longo da análise, da existência de sua intenção de adoecer.

No caso da histeria, o ponto fraco de toda terapia, também da psicanalítica, é bastante comumente o combate aos motivos patológicos. Nisso, as coisas são mais fáceis para o destino, que não precisa atacar a constituição nem o material patogênico do doente; ele remove um motivo para o adoecer e o doente fica temporária, talvez mesmo permanentemente, livre da doença. Quanto menor não seria o número de curas milagrosas e desaparecimentos espontâneos de sintomas

I. O QUADRO CLÍNICO

que nós, médicos, admitiríamos na histeria, se com mais frequência tomássemos conhecimento dos interesses vitais ocultos dos doentes! Eis que um prazo venceu, a consideração por uma segunda pessoa deixou de existir, uma situação mudou radicalmente devido a um acontecimento exterior e a doença até agora renitente é removida de um só golpe, de forma aparentemente espontânea, mas, na verdade, porque foi despojada do motivo mais forte, um de seus usos na vida.

    É provável que em todos os casos plenamente desenvolvidos encontremos motivos que sustentam a doença. Mas há casos com motivos puramente internos, como, por exemplo, a autopunição, ou seja, o remorso e a expiação. Então acharemos a tarefa terapêutica mais fácil de resolver do que nos casos em que a doença se relaciona com a obtenção de uma meta externa. Para Dora, essa meta era evidentemente amolecer o pai e afastá-lo da sra. K.

    De resto, nenhuma das ações do pai pareceu tê-la irritado tanto como sua prontidão em tomar a cena do lago por um produto da fantasia dela. Ela ficava fora de si quando pensava que pudessem dizer que tinha imaginado coisas nessa ocasião. Por muito tempo, tive dificuldade para descobrir que autorrecriminação se ocultava por trás da rejeição passional dessa explicação. Era legítimo supor que havia algo escondido, pois uma recriminação que não procede tampouco ofende de maneira duradoura. Por outro lado, cheguei à conclusão de que o relato de Dora tinha de corresponder inteiramente à verdade. Depois que compreendeu a intenção do sr. K., ela não o deixou terminar de falar, deu-lhe um tapa na cara e saiu correndo. Na época, ao homem que ficou para trás, o comportamento dela provavelmente pareceu tão incompreensível quanto a nós, pois há muito ele devia ter deduzido de inúmeros pequenos indícios a certeza da afeição da moça. Na discussão sobre o segundo sonho encontraremos então tanto a solução desse enigma como também a autorrecriminação, de início procurada em vão.

Quando as acusações contra o pai retornaram com cansativa monotonia e a tosse, ao mesmo tempo, prosseguia, tive de pensar que esse sintoma poderia ter um significado relacionado ao pai. Além disso, as exigências que costumo fazer a uma explicação de sintomas se achavam longe de estarem satisfeitas. Segundo uma regra que vi confirmada repetidas vezes, mas que ainda não tivera coragem de estabelecer universalmente, um sintoma significava a figuração – realização – de uma fantasia de conteúdo sexual, ou seja, uma situação sexual. Melhor dizendo, pelo menos *um* dos significados de um sintoma corresponde à figuração de uma fantasia sexual, enquanto para os outros significados não existe tal restrição de conteúdo. Pois, quando nos lançamos ao trabalho psicanalítico, logo vemos que um sintoma tem mais de um significado, que ele serve para figurar ao mesmo tempo vários cursos inconscientes de pensamento. Gostaria ainda de acrescentar que, segundo minha apreciação, um único curso inconsciente de pensamento ou uma única fantasia inconsciente dificilmente bastarão alguma vez para gerar um sintoma.

A oportunidade para atribuir à tosse nervosa tal interpretação, devida a uma situação sexual fantasiada, surgiu

I. O QUADRO CLÍNICO

em pouco tempo. Quando ela acentuou mais uma vez que a sra. K. só amava o seu pai por ser ele um homem *de posses*[31], percebi a partir de certas circunstâncias secundárias de sua expressão, que omito aqui tal como faço com a maior parte dos aspectos puramente técnicos do trabalho de análise, que por trás da frase se ocultava seu oposto: o pai, segundo ela, seria um homem *sem posses*. Isso só poderia ter conotação sexual, ou seja: como homem, o pai seria desprovido de posses, impotente. Depois que ela confirmou essa interpretação a partir do conhecimento consciente, mostrei-lhe a contradição em que ela caía quando, por um lado, insistia que a relação com a sra. K. era uma relação amorosa comum e, por outro lado, afirmava que o pai era impotente, ou seja, incapaz de aproveitar tal relação. Sua resposta indicava que ela não tinha necessidade de reconhecer a contradição. Ela bem sabia, disse, que havia mais de um tipo de satisfação sexual. No entanto, mais uma vez ela não conseguia localizar a fonte desse conhecimento. Ao continuar a inquirição e perguntar-lhe se ela se referia ao uso de outros órgãos que não os genitais para a relação sexual, ela confirmou, e pude continuar: então ela pensava justamente naquelas partes do corpo que nela se achavam em estado irritado[32] (garganta, cavidade oral). No entanto, ela não queria ir tão longe no conhecimento de seus próprios pensamentos, e, para o

---

31. Duplo sentido: *vermögend*, "de posses", significa também "potente (sexualmente)". (N.T.)

32. Outro duplo sentido: embora *in gereiztem Zustande* signifique sempre "em estado irritado", poderia significar também "em estado excitado", visto que o verbo *reizen* pode se traduzido tanto por "irritar" quanto por "excitar, estimular". (N.T.)

sintoma ser possível, tampouco podia ter esclarecido inteiramente esse assunto a si mesma. O complemento era no entanto irrecusável: com sua tosse intermitente, que, como é habitual, era estimulada por uma coceira na garganta, ela imaginava uma situação de satisfação sexual *per os* [pela boca] entre as duas pessoas cuja relação amorosa a ocupava sem cessar. Naturalmente, harmonizava-se à perfeição com isso o fato de a tosse ter desaparecido pouquíssimo tempo depois dessa explicação, aceita de forma tácita; porém, não quisemos dar muito valor a essa mudança, pois afinal ela já ocorrera espontaneamente tantas vezes.

Caso esse fragmentozinho de análise tenha despertado no leitor médico, além da descrença, que afinal lhe é permitida, também estranheza e horror, estou pronto a examinar aqui a legitimidade dessas duas reações. Imagino que a estranheza seja motivada por minha ousadia de falar com uma jovem – ou, sobretudo, com uma mulher na idade da sexualidade – sobre coisas tão espinhosas e tão abomináveis. O horror provavelmente se refere à possibilidade de uma moça intocada saber sobre tais práticas e ocupar com elas sua fantasia. Eu aconselharia moderação e prudência em ambos os pontos. Não há razão para indignar-se com uma coisa nem com outra. Pode-se falar com moças e mulheres a respeito de todas as coisas sexuais sem prejudicá-las e sem se tornar suspeito se, em primeiro lugar, adotarmos um certo modo de fazê-lo e se, em segundo lugar, pudermos despertar nelas a convicção de que essa conversa é inevitável. Sob as mesmas condições, afinal, o ginecologista também se

I. O quadro clínico

permite submetê-las a todos os desnudamentos possíveis. O melhor modo de falar das coisas é o seco e direto; ao mesmo tempo, ele é o mais afastado da lascívia com que os mesmos temas são tratados na "sociedade" e à qual tanto moças quanto mulheres estão muito bem acostumadas. Dou a órgãos e processos os seus nomes técnicos e os informo quando eles – os nomes – sejam porventura desconhecidos. "*J'appelle un chat un chat.*"[33] Por certo ouvi falar de médicos e não médicos que se escandalizam com uma terapia na qual ocorrem tais conversas e que parecem ter inveja de mim ou dos pacientes devido à volúpia que, segundo sua expectativa, surgiria em tal situação. No entanto, conheço bem demais a decência desses senhores para irritar-me com eles. Resistirei à tentação de escrever uma sátira. Quero apenas mencionar uma coisa, o fato de com frequência eu ter a satisfação de ouvir uma paciente, a quem a franqueza em coisas sexuais não foi de início fácil, exclamar mais tarde: "Ora, o tratamento do senhor é muito mais decente que as conversas do sr. X.!".

É preciso estar convencido da inevitabilidade de tocar em temas sexuais antes de empreender um tratamento de histeria, ou estar preparado a se deixar convencer pelas experiências. Dizemo-nos então: *pour faire une omelette il faut casser des oeufs.*[34] Os próprios pacientes podem ser facilmente convencidos; há muitíssimas ocasiões para

---

33. "Chamo um gato de gato", expressão francesa equivalente à nossa "dar nome aos bois". (N.T.)
34. Outro provérbio francês: "Para fazer uma omelete é preciso quebrar os ovos". (N.T.)

tanto no curso do tratamento. Não é preciso recriminar-se por discutir com eles os fatos da vida sexual normal ou anormal. Se formos em alguma medida cautelosos, apenas traduzimos para eles ao consciente o que já sabem no inconsciente, e todo o resultado do tratamento reside, afinal, na percepção de que os efeitos afetivos de uma ideia inconsciente são mais fortes e, por não serem inibíveis, mais danosos que os de uma ideia consciente. Jamais corremos perigo de corromper uma moça inexperiente; quando não existe qualquer conhecimento dos processos sexuais no inconsciente, tampouco ocorre qualquer sintoma histérico. Quando encontramos uma histeria, não se pode mais falar em "inocência de pensamentos" no sentido usado por pais e educadores. Convenci-me da validade sem exceções dessa tese no caso de crianças de dez, doze e catorze anos, tanto meninos quanto meninas.

Quanto à segunda reação emocional, que não se dirige mais contra mim, e sim, caso eu tenha razão, contra a paciente, julgando horrendo o caráter perverso de suas fantasias, gostaria de acentuar que tal passionalidade ao condenar não fica bem ao médico. Entre outras coisas, também acho supérfluo que um médico que escreve sobre os descaminhos dos impulsos[35] sexuais aproveite toda e qualquer oportunidade para intercalar no texto a expressão de seu asco pessoal por coisas tão repulsivas. Aqui há um fato ao qual, pela repressão de nossos gostos, cabe esperar que nos acostumemos. É preciso poder falar sem indignação sobre o que chamamos de perversões sexuais, as transgressões da

---

35. Salvo indicação em contrário, "impulso" sempre traduz *Trieb*. (N.T.)

I. O quadro clínico

função sexual quanto à região corporal e ao objeto sexual. A indefinição das fronteiras com relação à vida sexual que cabe chamar de normal nas diferentes raças e em diferentes épocas já deveria arrefecer os exaltados. Não podemos esquecer, afinal, que a mais repulsiva dessas perversões para nós, o amor sensual do homem pelo homem, não só era tolerada num povo muito superior a nós em termos culturais como os gregos, mas inclusive lhe competiam importantes funções sociais. Ora aqui, ora ali, cada um de nós ultrapassa um pouquinho, em sua própria vida sexual, as estreitas fronteiras traçadas para o normal. As perversões não são bestialidades nem degenerações no sentido patético da palavra. São desenvolvimentos de germes contidos, todos eles, na disposição sexual indiferenciada da criança, cuja repressão, ou mudança rumo a metas mais elevadas, assexuais – a *sublimação* –, está destinada a fornecer a energia para um bom número de nossas realizações culturais. Se, portanto, alguém se *tornou* grosseira e manifestamente perverso, pode-se dizer mais corretamente que ele *permaneceu* assim, que ele representa um estágio de uma *inibição do desenvolvimento*. Os psiconeuróticos são, todos eles, pessoas com tendências perversas intensamente desenvolvidas, mas recalcadas e tornadas inconscientes no decorrer do desenvolvimento. Por isso, suas fantasias inconscientes mostram exatamente o mesmo conteúdo que as ações documentalmente registradas dos perversos, mesmo que não tenham lido a *Psychopathia sexualis* de Krafft-Ebing, à qual pessoas ingênuas atribuem tanta corresponsabilidade na origem das tendências perversas. As psiconeuroses são, por assim dizer, o *negativo* das perversões. A constituição sexual, na qual também está contida a expressão da hereditariedade, atua nos neuróticos em conjunto com influências acidentais da vida que atrapalham o desenvolvimento da sexualidade normal. As águas que encontram um obstáculo no leito de um rio voltam a se represar em cursos mais antigos, destinados ao abandono. As forças impulsoras para a formação de sintomas histéricos são disponibilizadas não apenas pela sexualidade normal recalcada, mas também pelas moções perversas inconscientes.[36]

As menos repulsivas dentre as chamadas perversões sexuais gozam da mais ampla difusão entre nossa população, como todo mundo sabe, exceto o autor médico que aborda esses assuntos. Ou, antes, o autor também o sabe; ele apenas se esforça por esquecê-lo no momento em que pega a pena para escrever a respeito. Assim, não é de admirar que nossa histérica de quase dezenove anos, que ouviu falar da existência de tal relação sexual (chupar o membro masculino), desenvolva tal fantasia inconsciente e a expresse pela sensação de coceira na garganta e pela tosse. Tampouco seria de admirar se ela tivesse chegado a tal fantasia sem esclarecimento exterior, conforme constatei com segurança em outras pacientes. É que a precondição somática para tal criação independente de uma fantasia, que

---

36. Essas teses sobre as perversões sexuais foram redigidas vários anos antes do excelente livro de I. Bloch (*Beiträge zur Ätiologie der Psychopathia sexualis* [*Contribuições à etiologia da psychopathia sexualis*], 1902 e 1903). Ver também meus *Três ensaios sobre a teoria da sexualidade*, publicados neste ano (1905).

I. O quadro clínico

então coincide com a conduta dos perversos, estava dada nela por um fato digno de nota. Ela se recordava muito bem de que em seus anos de infância fora uma *chupadora*. O pai também se recordava que a fizera perder o hábito de chupar após este ter continuado até o quarto ou quinto ano de vida. A própria Dora tinha uma lembrança clara de uma imagem de seus anos de bebê em que estava sentada num canto, no chão, chupando o polegar esquerdo, enquanto com a mão direita dava puxadinhas no lóbulo da orelha do irmão, calmamente ali sentado. Esse é o tipo pleno de autossatisfação pelo chupar, que outras pacientes – mais tarde anestéticas e histéricas – também me relataram. De uma delas, obtive uma informação que lança uma luz intensa sobre a origem desse hábito singular. A jovem, que jamais se desabituou do chupar, via-se numa recordação de infância, supostamente da primeira metade do segundo ano de vida, mamando ao seio da ama de leite e, nisso, puxando ritmicamente o lóbulo da orelha dela. Penso que ninguém quererá contestar que a mucosa dos lábios e da boca pode ser considerada uma *zona erógena* primária, visto que ainda conservou uma parte desse significado para o beijo, que é considerado normal. A abundante atividade precoce dessa zona erógena é portanto a condição para a posterior condescendência somática por parte do trato mucoso que começa nos lábios. Quando então, num momento em que o genuíno objeto sexual, o membro masculino, já é conhecido, se verificam circunstâncias que intensificam outra vez a excitação da conservada zona erógena bucal, não se requer grande dispêndio de força criativa para inserir na situação de satisfação, no lugar do mamilo original e do dedo, para ele vicariante, o objeto sexual atual, o pênis. Assim, essa fantasia perversa extremamente chocante de chupar o pênis tem a mais inofensiva origem; ela é a remodelação de uma impressão, que cabe chamar de pré-histórica, de chupar o seio da mãe ou da ama de leite, usualmente reanimada pela convivência com lactentes. Na maioria das vezes, o úbere da vaca serviu como representação intermediária adequada entre o mamilo e o pênis.

A recém-discutida interpretação dos sintomas da garganta de Dora ainda pode dar ensejo a uma outra observação. Pode-se perguntar como essa situação sexual fantasiada seria compatível com a outra explicação, de que o ir e vir dos sintomas imita a presença e a ausência do homem amado, ou seja, incluindo o comportamento da esposa, exprime este pensamento: "Se eu fosse a esposa dele, iria amá-lo de forma inteiramente diferente, ficaria doente (de saudade, talvez) quando ele partisse e saudável (de felicidade) quando ele estivesse outra vez em casa". De acordo com minhas experiências na solução de sintomas histéricos, tenho de responder o seguinte: não é necessário que os diferentes significados de um sintoma sejam compatíveis, isto é, se complementem numa concatenação. Basta que a concatenação seja produzida pelo tema que deu origem a todas as diferentes fantasias. Em nosso caso, aliás, tal compatibilidade não está excluída; um dos significados adere mais à tosse, o outro, à afonia e ao transcurso dos estados de saúde; uma análise mais refi-

I. O quadro clínico

nada teria provavelmente mostrado uma espiritualização[37] muito mais ampla dos detalhes da doença. Já vimos que com bastante regularidade um sintoma corresponde a vários significados *simultaneamente*; acrescentemos agora que ele também pode expressar vários significados *sucessivamente*. No decorrer dos anos, o sintoma pode modificar um de seus significados ou seu significado principal, ou o papel dominante pode passar de um significado a outro. É um traço por assim dizer conservador no caráter da neurose o fato de o sintoma, uma vez formado, ser conservado quando possível, por mais que o pensamento inconsciente que nele achou expressão tenha perdido seu significado. Mas também é fácil explicar mecanicamente essa tendência à conservação do sintoma; a produção de um desses sintomas é tão difícil, a transferência da excitação puramente psíquica ao âmbito físico – o que chamei de *conversão* – está ligada a tantas condições favorecedoras, e uma condescendência somática, tal como se exige para a conversão, é tão difícil de encontrar que a pressão à descarga da excitação oriunda do inconsciente leva a contentar-se, quando possível, com o caminho de descarga já transitável. Muito mais fácil que a criação de uma nova conversão parece ser o estabelecimento de relações associativas entre um novo pensamento necessitado de descarga e o antigo que perdeu essa necessidade. Pelo caminho assim aberto, a excitação flui da nova fonte

---

37. Em alemão, *Vergeistigung*, derivado de *Geist*, "espírito", "intelecto". Pode-se imaginar que com o inusitado termo Freud tenha em mente uma "psiquização" dos detalhes da doença, uma diferenciação destes em relação aos sintomas puramente somáticos e/ou uma espécie de refinamento, por assim dizer. (N.T.)

excitatória ao antigo ponto de saída, e o sintoma parece, conforme a expressão do Evangelho, um odre velho que é enchido com vinho novo. Ainda que a parte somática do sintoma histérico, segundo estas explicações, pareça ser o elemento mais persistente, mais dificilmente substituível, e a parte psíquica o elemento mutável, mais fácil de substituir, não cabe contudo derivar dessa relação qualquer hierarquia entre ambas. Para a terapia psíquica, a parte psíquica é sempre a mais significativa.

A repetição incessante dos mesmos pensamentos sobre a relação do pai com a sra. K. ofereceu à análise de Dora a oportunidade para um outro e mais importante resultado.

Semelhante curso de pensamento pode ser chamado de superforte, ou melhor, de *reforçado, supervalente* no sentido de Wernicke. Ele se revela doentio, apesar de seu conteúdo aparentemente correto, graças à peculiaridade de, apesar de todos os esforços de pensamento conscientes e voluntários da pessoa, não poder ser decomposto nem eliminado. No caso de um curso de pensamento normal, por mais intenso que seja, no fim damos conta dele. Dora sentia de maneira inteiramente correta que seus pensamentos sobre o pai desafiavam a uma avaliação especial. "Não consigo pensar em outra coisa", queixava-se repetidamente. "Meu irmão me diz que nós, os filhos, não temos direito de criticar essas ações do pai. Não devemos nos preocupar com isso e talvez até nos alegrar por ele ter encontrado uma mulher a quem pode ligar seu coração, visto que nossa mãe o compreende tão pouco. Reconheço isso e também gostaria

I. O quadro clínico

de pensar como meu irmão, mas não consigo. Não posso perdoá-lo."[38]

O que fazemos então face a tal pensamento supervalente, depois de ouvirmos sua fundamentação consciente, bem como as infrutíferas objeções a ele? Dizemo-nos *que esse curso superforte de pensamentos deve seu reforço ao inconsciente*. Ele é insolúvel para o trabalho do pensamento ou porque suas próprias raízes chegam até o material inconsciente, recalcado, ou porque outro pensamento inconsciente se oculta por trás dele. Na maioria das vezes, este último é seu oposto direto. Os opostos estão sempre estreitamente ligados entre si e, com frequência, emparelhados de tal forma *que um pensamento é intensamente consciente, mas sua contraparte está recalcada e é inconsciente*. Essa relação é resultado do processo de recalcamento. Pois o recalcamento é com frequência executado de tal maneira que o oposto do pensamento a ser recalcado se reforça de modo excessivo. Chamo isso de reforço *reativo*, e o pensamento que no consciente se afirma de modo extremamente forte e se mostra indecomponível à maneira de um preconceito, de *pensamento reativo*. Os dois pensamentos se comportam entre si mais ou menos como as duas agulhas de um par de agulhas astáticas.[39] Com um certo excesso de intensidade, o pensamento reativo mantém o pensamento inconveniente

---

38. Tal pensamento supervalente, junto com um profundo desgosto, é com frequência o único sintoma de um estado patológico usualmente chamado "melancolia", mas que se deixa resolver pela psicanálise tal como uma histeria.

39. Isto é, protegidas da influência de campos eletromagnéticos exteriores. (N.T.)

sob recalcamento; mas, em função disso, ele próprio fica "abafado" e resguardado contra o trabalho consciente de pensamento. Para despojar o pensamento superforte de seu reforço, o caminho é então tornar consciente a oposição recalcada.

Tampouco podemos excluir de nossas expectativas o caso de não existir só uma das duas fundamentações da supervalência, mas uma concomitância de ambas. Ainda podem surgir outras complicações, mas elas podem ser facilmente aqui incorporadas.

No exemplo que Dora nos oferece, testemos inicialmente a primeira hipótese, de que a raiz de sua preocupação, de feitio obsessivo, com a relação entre o pai e sra. K. seja desconhecida dela mesma por se encontrar no inconsciente. Não é difícil adivinhar essa raiz a partir das circunstâncias e dos sintomas. Seu comportamento ia evidentemente muito além da esfera de interesses de uma filha; ela sentia e agia, isto sim, como uma esposa ciumenta, o que teríamos achado compreensível no caso da mãe dela. Com sua exigência "ela ou eu", com as cenas que armava e a ameaça de suicídio que deixou entrever ela se colocava evidentemente no lugar da mãe. Se a fantasia de uma situação sexual na base de sua tosse foi depreendida corretamente, então nessa fantasia Dora tomava o lugar da sra. K. Ela se identificava portanto com as duas mulheres amadas pelo pai, a do presente e a do passado. É natural concluir que a afeição dela se dirigia ao pai numa medida maior do que ela sabia ou teria admitido de bom grado – que ela estava apaixonada pelo pai.

I. O quadro clínico

Aprendi a compreender tais relações amorosas inconscientes entre pai e filha, e mãe e filho, reconhecíveis por suas consequências anormais, como a revivescência de germes infantis de sentimento. Em outros textos[40], expus o quão precocemente se faz valer a atração sexual entre pais e filhos, mostrando que a fábula de Édipo provavelmente deva ser compreendida como a elaboração poética do que há de típico nessas relações. Essa inclinação precoce da filha pelo pai, do filho pela mãe, da qual provavelmente se acha uma marca nítida na maioria das pessoas, cabe supô-la mais intensa já de início no caso de crianças constitucionalmente destinadas à neurose, precoces e famintas de amor. Então entram em vigor certas influências, que não cabe discutir aqui, que fixam a rudimentar moção amorosa ou a reforçam de tal modo que ainda nos anos de infância, ou apenas na época da puberdade, ela se transforma em algo que cabe equiparar a uma inclinação sexual e que, como esta, monopoliza a libido.[41] As circunstâncias externas de nossa paciente não são exatamente desfavoráveis a tal hipótese. Sua disposição sempre a atraiu para o pai, os muitos adoecimentos dele tiveram de intensificar o carinho por ele; em algumas doenças, ele não permitiu que outra pessoa além dela desempenhasse as pequenas tarefas de enfermagem; orgulhoso da inteligência precocemente desenvolvida dela, já a requisitara como sua confidente quando criança. Com

---

40. Em *A interpretação dos sonhos* (1900 *a*) e no terceiro dos *Ensaios de teoria sexual*.
41. O fator decisivo para tanto é provavelmente o surgimento prematuro de autênticas sensações genitais, sejam elas espontâneas ou provocadas por sedução e masturbação. (Ver adiante, p. 130-1.)

o surgimento da sra. K., não foi realmente a mãe, e sim ela quem foi expulsa de mais de um posto.

Quando comuniquei a Dora que eu tinha de supor que sua inclinação pelo pai possuíra já precocemente o caráter de pleno apaixonamento, é verdade que ela deu sua resposta habitual: "Não me lembro disso", mas logo relatou algo análogo sobre sua prima (por parte de mãe) de sete anos, em quem julgava muitas vezes ver algo como um reflexo de sua própria infância. A pequena fora novamente testemunha de uma discussão exaltada entre os pais e sussurrara ao ouvido de Dora, que chegara de visita logo depois: "Você não pode imaginar como eu odeio essa pessoa (apontando para a mãe)! E quando ela morrer, vou me casar com o papai". Estou acostumado a ver em tais lampejos, que apresentam algo que se harmoniza com o conteúdo de minha alegação, uma confirmação oriunda do inconsciente. Outro tipo de "sim" não pode ser ouvido do inconsciente; um "não" inconsciente é algo que absolutamente não existe.[42]

Esse apaixonamento pelo pai não se manifestara por anos a fio; ao contrário, ela vivera por longo tempo na mais cordial harmonia com a mesma mulher que tomara seu lugar junto ao pai, ainda favorecendo sua relação com ele, conforme sabemos de suas autorrecriminações. Esse amor fora portanto reavivado recentemente e, se tal era o caso,

---

42. [*Acréscimo de 1923:*] Outra forma de confirmação oriunda do inconsciente, bastante notável e absolutamente confiável, que eu ainda não conhecia à época, é a seguinte exclamação do paciente: "Não pensei isso", ou "Não pensei nisso". Essa declaração pode ser traduzida sem rodeios por: "Sim, isso me era inconsciente".

I. O quadro clínico

podemos perguntar com que finalidade isso aconteceu. Evidentemente, como sintoma reativo para reprimir alguma outra coisa que, portanto, ainda tinha força no inconsciente. Considerando o estado das coisas, eu tinha de pensar em primeiro lugar que esse elemento reprimido era o amor pelo sr. K. Eu tinha de supor que o apaixonamento dela ainda perdurava, mas que desde a cena do lago – por motivos desconhecidos – ele tinha uma violenta oposição contra si, e que a moça trouxera outra vez ao primeiro plano a antiga inclinação pelo pai e a reforçara com o fim de não precisar perceber mais nada em sua consciência do amor de seus primeiros anos de moça, que para ela se tornara desagradável. Então também tomei conhecimento de um conflito capaz de transtornar a vida psíquica da moça. Por um lado, ela estava certamente cheia de pesar por ter rejeitado a proposta do homem, cheia de saudade de sua pessoa e dos pequenos sinais de sua ternura; por outro lado, motivos poderosos, dentre os quais era fácil adivinhar seu orgulho, se opunham a esses sentimentos ternos e saudosos. Foi assim que chegou a se convencer de que tinha rompido com o sr. K. – esse foi o ganho dela nesse típico processo de recalcamento –, e, no entanto, como proteção contra o apaixonamento que afluía constantemente à consciência, ela teve de invocar e exagerar a inclinação infantil pelo pai. O fato de então ser dominada quase sem cessar por uma amargura ciumenta parecia suscetível de uma determinação adicional.[43]

Não contradisse de forma alguma minha expectativa essa exposição ter provocado o mais resoluto protesto de

---

43. Que logo encontraremos.

Dora. O "não" que ouvimos do paciente depois de apresentarmos o pensamento recalcado à sua percepção consciente apenas constata o recalcamento e sua firmeza; mede, por assim dizer, sua força. Se não compreendermos esse *não* como a expressão de um juízo imparcial, do qual o doente afinal não é capaz, mas passarmos por cima disso e prosseguirmos o trabalho, logo surgirão as primeiras provas de que em tal caso *não* significa o desejado *sim*. Ela admitiu que não conseguia ficar irritada com o sr. K. na medida que ele merecia. Contou que um dia encontrara o sr. K. na rua quando estava na companhia de uma prima que não o conhecia. A prima exclamou de repente: "Mas Dora, o que aconteceu? Você ficou pálida como a morte!". Ela nada sentira dessa modificação nela mesma, mas precisou ouvir de mim que o jogo fisionômico e a expressão dos afetos obedecem mais ao inconsciente que ao consciente e que são denunciadores do primeiro.[44] Noutra ocasião, depois de vários dias bem-disposta, ela veio me ver extremamente mal-humorada, um estado que ela não sabia explicar. Ela estava tão antipática hoje, declarou; era o aniversário do tio e ela não conseguira cumprimentá-lo; ela não sabia por quê. Minha arte interpretativa estava embotada nesse dia; deixei que continuasse a falar, e de repente ela se lembrou

---

44. Ver "Serena posso ver-vos chegar, / Serena ver-vos partir". [Palavras da dama na balada "Ritter Toggenburg", de Schiller. Nela, o cavaleiro Toggenburg deixa sua pátria para tomar parte nas Cruzadas; ao despedir-se de sua dama, esta diz que só pode lhe dar amor fraternal, mas, ao voltar um ano depois, ele fica sabendo que, por trás da aparente indiferença, ela lhe guardara amor até o dia anterior, quando entrou para um convento. (N.T.)]

I. O quadro clínico

que naquele dia também era o aniversário do sr. K., o que não deixei de usar contra ela. Então tampouco era difícil explicar por que os abundantes presentes que recebera alguns dias antes em seu próprio aniversário não lhe trouxeram qualquer alegria. Faltara aquele presente, o do sr. K., que evidentemente lhe fora antes o mais valioso.

Entretanto, ela ainda se aferrou por longo tempo ao seu protesto contra minha afirmação, até que perto do fim da análise se apresentou a prova decisiva em favor da correção desta.

Preciso agora recordar outra complicação à qual certamente eu não daria espaço se, como escritor, inventasse semelhante estado da alma para uma novela, em vez de dissecá-lo como médico. O elemento que indicarei agora pode apenas turvar e apagar o belo e poético conflito que podemos supor em Dora; ele seria com certeza aniquilado pela censura do poeta, que afinal também simplifica e abstrai quando se apresenta como psicólogo. Porém, na realidade, que aqui me esforço por descrever, a regra é a complicação dos motivos, a acumulação e a combinação de moções psíquicas; em suma, a sobredeterminação. É que por trás do curso supervalente de pensamento que se ocupava da relação do pai com a sra. K. se escondia também uma moção ciumenta, cujo objeto era essa mulher – uma moção, portanto, que só podia repousar na inclinação pelo mesmo sexo. Há muito se sabe e se destacou com frequência que em rapazes e moças nos anos de puberdade também se deixam observar normalmente indícios nítidos da existência de uma inclinação homossexual. A amizade entusiástica com uma colega de escola, com juramentos, beijos, promessas de correspondência eterna e toda a suscetibilidade do ciúme, é a precursora usual do primeiro apaixonamento intenso por um homem. Depois, sob condições favoráveis, a corrente homossexual com frequência se esgota completamente; quando não ocorre a felicidade no amor pelo homem, tal corrente com frequência volta a ser despertada ainda anos depois pela libido e aumentada até esta ou aquela intensidade. Se isso pode ser constatado sem esforço em pessoas saudáveis, esperaremos, em conexão com observações anteriores sobre o melhor desenvolvimento dos germes normais da perversão nos neuróticos, encontrar também na constituição destes uma predisposição homossexual mais forte. As coisas devem ser assim, pois nunca fui bem-sucedido numa psicanálise de um homem ou de uma mulher sem considerar tal corrente homossexual bastante significativa. Quando a libido sexual destinada ao homem sofreu em mulheres e moças histéricas uma repressão enérgica, geralmente encontramos aquela destinada à mulher reforçada vicariamente e inclusive em parte consciente.

Não continuarei a tratar aqui desse tema importante e particularmente indispensável para a compreensão da histeria masculina, pois a análise de Dora chegou ao fim antes que pudesse lançar luz sobre essas circunstâncias em seu caso. Recordo, porém, aquela governanta com quem Dora vivia de início em íntima troca de ideias até perceber que não era estimada e bem tratada por ela em razão de sua própria pessoa, mas por causa do pai. Ela então a obrigou a deixar a casa. Ela também se demorava com

I. O QUADRO CLÍNICO

frequência chamativa e ênfase especial no relato de um outro estranhamento, que a ela mesma parecia enigmático. Ela sempre se entendera especialmente bem com sua segunda prima, a mesma que mais tarde se tornou noiva, partilhando com ela todo tipo de segredo. Quando então, pela primeira vez depois da visita interrompida ao lago, o pai viajou outra vez a B. e Dora naturalmente se recusou a acompanhá-lo, essa prima fora convidada a viajar com o pai e aceitou o convite. A partir de então, Dora se sentiu fria em relação a ela, admirando-se inclusive com o quanto a prima se tornara indiferente para ela, embora admitisse que não podia lhe fazer nenhuma grande recriminação. Essas suscetibilidades me levaram a perguntar qual fora sua relação com a sra. K. até o desentendimento. Fiquei sabendo então que a jovem mulher e a moça mal saída da infância tinham vivido por anos a fio na maior familiaridade. Quando Dora se hospedava na casa dos K., dividia o quarto com a mulher; o marido era posto para fora. Ela fora a confidente e a conselheira da mulher em todas as dificuldades de sua vida conjugal; não havia nada sobre o que não tivessem falado. Medeia estava perfeitamente satisfeita por Creusa ter atraído as duas crianças para si; ela com certeza também não fez nada para atrapalhar a relação do pai dessas crianças com a moça.[45] Como Dora conseguiu amar o homem sobre quem sua querida amiga dizia tantas coisas ruins é um interessante problema psico-

---

45. Medeia era, na mitologia grega, filha de Aietes, rei da Cólquida; feiticeira, auxiliou Jasão a se apoderar do velo de ouro, acompanhou-o em seguida à Grécia e, quando ele a preteriu em favor da princesa coríntia Creusa, matou esta e os próprios filhos que tivera com Jasão. (N.T.)

lógico, provavelmente solucionável pela compreensão de que no inconsciente os pensamentos habitam lado a lado de maneira especialmente cômoda e que mesmo opostos se entendem sem disputa, o que com bastante frequência, afinal, também permanece assim no consciente.

Quando Dora falava da sra. K., elogiava seu "corpo branco encantador" num tom que correspondia mais ao de uma apaixonada que ao de uma rival derrotada. Mais melancólica do que amargurada, ela me comunicou noutra ocasião que estava convencida de que os presentes que o pai lhe trouxera haviam sido providenciados pela sra. K.; ela reconhecia seu gosto. Noutra ocasião, destacou que fora graças à mediação evidente da sra. K. que recebera de presente joias muito parecidas com as que vira na casa dela e então desejara visivelmente. Sim, tenho de dizer sobretudo que não ouvi uma palavra dura ou irritada dela sobre a mulher, em quem, no entanto, do ponto de vista de seus pensamentos supervalentes, teria de ver a autora de sua infelicidade. Ela se comportava como se fosse incoerente, mas a aparente incoerência era precisamente a expressão de uma corrente emocional complicadora. Pois como a amiga entusiasticamente amada se portou em relação a ela? Depois que Dora apresentou sua acusação contra o sr. K. e o pai pediu satisfações dele por escrito, este respondeu de início com asseverações de sua alta estima e se prontificou a ir à cidade da fábrica para esclarecer todos os mal-entendidos. Algumas semanas mais tarde, quando o pai falou com ele em B., a alta estima já estava fora de questão. Ele desacreditou a moça e exibiu seu trunfo: uma moça que lê tais livros e se interessa

I. O quadro clínico

por tais coisas não pode exigir o respeito de um homem. Ou seja, a sra. K. a traíra e denegrira; só com ela Dora falara sobre Mantegazza e sobre temas melindrosos. Outra vez, era o mesmo caso que se passara com a governanta; a sra. K. também não a amara por causa de sua própria pessoa, mas por causa do pai. A sra. K. a sacrificara sem hesitar para não ser atrapalhada em sua relação com o pai de Dora. Talvez essa ofensa a atingisse mais em cheio, fosse patogenicamente mais efetiva do que a outra com a qual queria encobri-la, a de que o pai a sacrificara. A amnésia tão tenazmente mantida em relação às fontes de seu conhecimento melindroso não apontava de forma direta ao valor emocional da acusação e, por conseguinte, à traição da amiga?

Assim, acredito não me enganar ao supor que o curso supervalente de pensamentos de Dora, que se ocupava da relação do pai com a sra. K., fosse destinado não só à repressão do amor ao sr. K., que uma vez fora consciente, mas também encobria o amor pela sra. K., inconsciente no mais profundo sentido. Tal curso de pensamentos encontrava-se numa relação de oposição direta a esta última corrente. Dora dizia-se sem cessar que o pai a sacrificara por essa mulher, demonstrava ruidosamente que a invejava pela posse do pai e assim escondia o oposto de si mesma, que invejava o pai pelo amor dessa mulher e que não perdoara a mulher amada pelo desapontamento com sua traição. A moção ciumenta feminina se ligara no inconsciente a um ciúme como aquele sentido por um homem. Essas correntes emocionais masculinas, ou, melhor dizendo, *ginecófilas*, devem ser consideradas típicas da vida amorosa inconsciente das moças histéricas.

II

O primeiro sonho

Precisamente quando tínhamos a perspectiva de esclarecer um ponto obscuro da vida infantil de Dora graças ao material que se impunha à análise, ela relatou que tivera outra vez, numa das últimas noites, um sonho que já sonhara repetidas vezes exatamente da mesma maneira. Um sonho que retornava de maneira periódica era especialmente apropriado para despertar minha curiosidade já devido a essa característica; no interesse do tratamento, era lícito, afinal, ter em mira a inserção desse sonho no contexto da análise. Decidi, portanto, investigar esse sonho com especial cuidado.

Primeiro sonho: *Há um incêndio numa casa*[1], relatou Dora, *meu pai está parado diante de minha cama e me acorda. Visto-me depressa. Mamãe ainda quer salvar sua caixinha de joias, mas papai diz: "Não quero que eu e meus dois filhos queimemos por causa da tua caixinha de joias". Descemos depressa e, tão logo estou fora, acordo.*

Visto que é um sonho recorrente, naturalmente pergunto quando ela o sonhou pela primeira vez. – Ela não sabe. Mas ela recordou que tivera o sonho em L. (o lugar junto ao lago em que se passou a cena com o sr. K.) durante três noites seguidas, então o teve outra vez aqui há alguns dias.[2]

---
1. "Nunca houve de fato um incêndio em nossa casa", respondeu ela à minha inquirição.
2. É possível demonstrar a partir do conteúdo que o sonho foi sonhado em L. *pela primeira vez.*

II. O primeiro sonho

– A conexão, assim estabelecida, entre o sonho e os acontecimentos em L. naturalmente aumenta minhas expectativas quanto à solução do sonho. Mas, em primeiro lugar, gostaria de saber qual foi o motivo para sua última repetição e, por isso, convido Dora, que já fora instruída na interpretação de sonhos graças a alguns pequenos exemplos analisados anteriormente, a decompor o sonho e me comunicar o que lhe ocorre a respeito.

– Ocorre-me algo – diz ela – que no entanto não pode ser pertinente, pois é bem recente, enquanto é certo que já tive esse sonho antes.

– Isso não importa, vamos adiante; será precisamente a coisa mais recente a ter pertinência.

– Bem, papai teve por esses dias uma briga com mamãe, pois ela tranca a sala de jantar à noite. É que o quarto de meu irmão não tem uma saída própria, mas é acessível apenas pela sala de jantar. Papai não quer que meu irmão fique trancado dessa forma à noite. Ele disse que isso não dá; poderia acontecer algo durante a noite que obrigasse a pessoa sair.

– E a senhorita relacionou isso ao risco de incêndio?
– Sim.
– Peço à senhorita que preste bem atenção a suas próprias expressões. Talvez precisemos delas. A senhorita disse que *poderia acontecer algo durante a noite que obrigasse a pessoa a sair*.[3]

---

3. Destaco essas palavras porque me deixam desconfiado. Soam-me ambíguas. Não se fala com as mesmas palavras de certas necessidades físicas? Palavras ambíguas, porém, são como "chaves" para o curso associativo. Se colocarmos a chave numa posição diferente (continua)

Mas então Dora achou a conexão entre o motivo recente para o sonho e o daquela época, pois ela prossegue:

– Quando chegamos daquela vez a L., o papai e eu, ele manifestou imediatamente o medo de um incêndio. Chegamos em meio a um violento temporal e vimos a pequena cabana de madeira que não tinha para-raios. Esse medo era então inteiramente natural.

Importa-me agora descobrir a relação entre os acontecimentos em L. e os sonhos idênticos de então. Assim, pergunto:

– A senhorita teve o sonho nas primeiras noites em L. ou nas últimas noites antes da partida, ou seja, antes ou depois da conhecida cena no bosque? (Pois sei que a cena não aconteceu logo no primeiro dia e que Dora ainda ficou alguns dias em L. depois dela, sem deixar perceber nada do ocorrido.)

– Eu não sei – foi sua primeira resposta. Passado um momento: – Creio que foi depois.

Agora eu sabia que o sonho fora uma reação àquela vivência. Mas por que se repetiu lá três vezes? Continuei perguntando:

– Quanto tempo a senhorita ainda ficou em L. após a cena?

– Mais quatro dias; no quinto parti com papai.

– Agora estou seguro de que o sonho foi o efeito imediato da vivência com o sr. K. A senhorita o sonhou lá

(cont.) daquela em que a mesma aparece ajustada no conteúdo onírico, temos acesso aos trilhos pelos quais se movem os pensamentos buscados e ainda ocultos por trás do sonho.

II. O primeiro sonho

pela primeira vez, não antes. E acrescentou a incerteza na recordação apenas para apagar o nexo.[4] Mas os números ainda não me parecem inteiramente exatos. Se a senhorita ainda ficou mais quatro noites em L., poderia ter repetido o sonho quatro vezes. Talvez tenha sido assim?

Ela não contradiz mais minha afirmação, mas, em vez de responder à minha pergunta, prossegue[5]:

– Na tarde após nosso passeio pelo lago, do qual nós, o sr. K. e eu, voltamos ao meio-dia, deitei-me como de costume no sofá do quarto para tirar uma soneca. Acordei de repente e vi o sr. K. parado à minha frente...

– Ou seja, da mesma maneira que a senhorita vê no sonho seu pai parado diante da sua cama?

– Sim. Pedi-lhe satisfações sobre o que fazia ali. Ele respondeu que não deixaria de entrar em seu quarto quando quisesse; aliás, ele quis pegar alguma coisa. Isso me deixou alerta, e perguntei à sra. K. se não existia uma chave para esse quarto e, na manhã seguinte (no segundo dia), tranquei-o para fazer a toalete. Quando quis trancar a porta à tarde, para me deitar outra vez no sofá, a chave não estava mais lá. Estou convencida de que o sr. K. sumiu com ela.

Esse é portanto o tema do chavear ou não chavear o quarto, que aparece na primeira ocorrência a propósito do sonho e que, por acaso, também desempenhou um papel

---
4. Ver o que foi dito no início, à p. 52, sobre a dúvida ao recordar.
5. Pois novo material mnêmico precisa emergir antes que a pergunta que fiz possa ser respondida.

no motivo recente para o sonho.[6] A frase *visto-me depressa* também entraria nesse contexto?

– Na época, propus-me a não ficar na casa dos K. sem papai. Nas manhãs seguintes, fiquei com receio de que o sr. K. me surpreendesse durante a toalete e *por isso sempre me vestia depressa*. Papai estava hospedado no hotel, afinal, e a sra. K. sempre saía logo cedo para dar um passeio com ele. Mas o sr. K. não me importunou outra vez.

– Entendo que na tarde do segundo dia a senhorita tomou a decisão de se esquivar dessas perseguições, e então, na segunda, terceira e quarta noites após a cena do bosque, teve tempo de repetir essa decisão durante o sono. Na tarde do segundo dia, ou seja, antes do sonho, a senhorita já sabia que na manhã seguinte – a terceira – não teria a chave para fechar a porta ao se vestir, e decidiu apressar a toalete ao máximo. Mas o sonho retornava a cada noite precisamente porque correspondia a um *propósito*. Um propósito continua em pé até ser executado. É como se a senhorita dissesse a si mesma: "Não tenho sossego, não posso dormir em paz até sair desta casa". Inversamente, a senhorita diz sobre o sonho: *Tão logo estou fora, acordo.*

Interrompo aqui a comunicação da análise para comparar esse fragmentozinho de interpretação de um sonho com minhas teses gerais sobre o mecanismo da formação

---

6. Suponho, sem dizê-lo ainda a Dora, que ela escolheu esse elemento por seu significado simbólico. No sonho, "quartos" [*Zimmer*] representam com bastante frequência "mulheres" [*Frauenzimmer*], e o fato de uma mulher estar "aberta" ou "fechada" naturalmente não pode ser indiferente. A "chave" que abre nesse caso é igualmente bem conhecida.

II. O primeiro sonho

dos sonhos. Em meu livro[7], expus que todo sonho é um desejo figurado como cumprido, a figuração é ocultadora quando se trata de um desejo recalcado, que pertence ao inconsciente, e, exceto no caso dos sonhos infantis, só o desejo inconsciente, ou que alcança até o inconsciente, tem força para formar um sonho. Creio que eu estaria mais seguro da concordância geral se tivesse me contentado em afirmar que todo sonho tem um sentido que cabe descobrir através de um certo trabalho interpretativo. Concluída a interpretação, o sonho poderia ser substituído por pensamentos que se inserem na vida psíquica de vigília num ponto que é facilmente reconhecível. Eu poderia então continuar dizendo que esse sentido do sonho se mostra exatamente tão variado como os cursos de pensamento da vigília. Ora se trataria de um desejo realizado, ora de um temor concretizado, noutro caso, talvez, de uma reflexão continuada no sono, de um propósito (como no sonho de Dora), de um fragmento de produção intelectual no sono etc. Essa exposição teria certamente seduzido por sua compreensibilidade e poderia ter se apoiado num grande número de exemplos bem interpretados, como é o caso do sonho aqui analisado.

Em vez disso, apresentei uma afirmação geral que limita o sentido dos sonhos a uma única forma de pensamento, à figuração de desejos, despertando o pendor geral ao protesto. Tenho de dizer, contudo, que não acreditei ter o direito nem o dever de simplificar um processo da psicologia para a maior comodidade dos leitores quando ele oferecia à minha pesquisa uma complicação cuja solução

---
7. *A interpretação dos sonhos* (1900 *a*).

unificadora só poderia ser encontrada em outro lugar. Por isso, será de grande valor para mim mostrar que as aparentes exceções, como o sonho de Dora neste caso, que de início se revela como um propósito diurno continuado no sono, não obstante corroboram novamente a regra contestada.

No fim das contas, ainda temos um grande pedaço do sonho para interpretar. Prossegui com minhas perguntas:
– E do que se trata a caixinha de joias que sua mãe quer salvar?
– Mamãe gosta muito de joias e ganhou muitas do papai.
– E a senhorita?
– Eu também gostava muito de joias; desde a doença, não uso mais nenhuma. Quatro anos atrás (um ano antes do sonho) houve uma grande briga entre meus pais por causa de uma joia. Mamãe queria usar algo específico, brincos de gotas de pérolas. Mas papai não gosta desses brincos e, em vez das gotas, trouxe-lhe uma pulseira. Ela ficou furiosa e disse-lhe que já que gastara tanto dinheiro para presenteá-la com algo de que ela não gostava, que fosse presentear outra.
– E a senhorita pensou na ocasião que aceitaria esse presente de bom grado?
– Não sei[8]; não sei, sobretudo, como a mamãe foi parar no sonho; nessa ocasião, afinal, ela não estava em L.[9]

---

8. Na época, sua expressão usual para reconhecer algo recalcado.
9. Essa observação, que dá testemunho de um completo mal-entendido das regras da explicação de sonhos, que de resto ela conhecia muito bem, assim como o modo hesitante e os escassos resultados de suas ocorrências a propósito da caixinha de joias, provaram-me que aqui se tratava de material que fora recalcado com grande ênfase.

II. O primeiro sonho

– Irei explicar isso mais tarde. Não ocorre outra coisa à senhorita a propósito da caixinha de joias? Até agora, a senhorita falou apenas de joias e nada de uma caixinha.

– Sim, algum tempo antes o sr. K. me presenteou com uma valiosa caixinha de joias.

– Retribuir o presente seria algo apropriado, portanto. Talvez a senhorita não saiba que "caixinha de joias" é uma designação popular para a mesma coisa à qual, não faz muito tempo, a senhorita aludiu com sua bolsinha pendente[10], a saber, os genitais femininos.

– Eu sabia que *o senhor* diria isso.[11]

– Quer dizer, *a senhorita* sabia disso. Agora o sentido do sonho se torna ainda mais claro. A senhorita disse a si mesma: "O homem está me perseguindo, quer entrar em meu quarto, minha 'caixinha de joias' corre perigo e, se acontecer um infortúnio, a culpa será do papai". Por isso a senhorita tomou no sonho uma situação que expressa o contrário, um perigo do qual o papai a salva. Nessa região do sonho, absolutamente tudo está convertido em seu oposto; logo a senhorita verá por quê. O segredo está na verdade com a sua mãe. Como ela entra aí? Ela é, como a senhorita sabe, sua mais antiga concorrente pela afeição do pai. No acontecimento com a pulseira, a senhorita queria aceitar de bom grado o que sua mãe rejeitou. Permita-nos agora substituir "aceitar" por "dar", "rejeitar" por "recusar". Isso quer dizer, então, que a senhorita estava disposta

---

10. Sobre essa bolsinha, ver mais adiante (p. 128-9).
11. Uma maneira muito comum de afastar de si um conhecimento que emerge do âmbito recalcado.

a dar ao papai o que a mamãe lhe recusa, e aquilo de que se trata está relacionado com joias.[12] Recorde-se agora da caixinha de joias que o sr. K. deu de presente à senhorita. Aí está o começo de uma série paralela de pensamentos, na qual, como na situação de alguém estar parado diante da sua cama, cabe inserir o sr. K. no lugar do papai. Ele presenteou a senhorita com uma caixinha de joias, e portanto a senhorita deve presenteá-lo com a sua caixinha de joias; por isso falei antes de "retribuir o presente". Nessa série de pensamentos, sua mãe deve ser substituída pela sra. K., que, afinal, estava sem dúvida presente na ocasião. A senhorita está disposta, portanto, a dar de presente ao sr. K. o que sua mulher lhe nega. Aqui a senhorita tem o pensamento que tem de ser recalcado com tanto esforço, o pensamento que torna necessária a conversão de todos os elementos em seu oposto. Como eu já disse antes desse sonho, este confirma mais uma vez que a senhorita desperta o antigo amor pelo papai para proteger-se contra o amor por K. Mas o que provam todos esses esforços? Não apenas que a senhorita tem medo do sr. K.; a senhorita tem muito mais medo de si mesma, de sua tentação de ceder a ele. Assim a senhorita confirma o quanto era intenso o amor por ele.[13]

---

12. Também para as gotas poderemos citar mais adiante (p. 145 e segs.) uma interpretação exigida pelo contexto.

13. Acrescento ainda: "De resto, tenho de concluir do reaparecimento do sonho nos últimos dias que a senhorita considera que a mesma situação retornou e que decidiu abandonar o tratamento, para o qual, afinal, apenas o papai a traz". – Os acontecimentos subsequentes mostraram o quanto fora acertada minha conjectura. Minha interpretação toca aqui o tema da "transferência", extremamente significativo em termos práticos e teóricos, tema a que terei pouca oportunidade de voltar neste estudo.

II. O primeiro sonho

Ela naturalmente não queria concordar com essa parte da interpretação.

Mas encontrei ainda uma continuação para a interpretação do sonho, que parecia imprescindível tanto para a anamnese do caso como para a teoria dos sonhos. Prometi comunicá-la a Dora na sessão seguinte.

É que não pude esquecer a indicação que parecia resultar das palavras ambíguas (*que a pessoa fosse obrigada a sair, que um acidente pudesse acontecer à noite*). Somava-se a isso o fato de o esclarecimento do sonho me parecer incompleto enquanto não fosse satisfeita certa exigência, que, é verdade, não quero estabelecer de maneira universal, mas cuja satisfação procuro com especial interesse. Um sonho regular se sustenta, por assim dizer, sobre duas pernas, uma das quais toca o ensejo essencial atual e a outra toca um acontecimento sério dos anos de infância. O sonho estabelece uma ligação entre essas duas vivências, a infantil e a presente, busca remodelar o presente de acordo com o modelo do passado mais remoto. O desejo que cria o sonho provém sempre, afinal, da infância, ele quer despertá-la repetidamente à realidade, corrigir o presente de acordo com ela. Acreditei já reconhecer nitidamente no conteúdo onírico as partes que podiam ser reunidas para formar uma alusão a um acontecimento infantil.

Comecei a explicação acerca disso com um pequeno experimento, que, como de hábito, funcionou. Sobre a mesa havia casualmente uma grande caixa de fósforos. Pedi a Dora para observar a mesa em busca de algo especial que não costumava estar ali. Ela não viu nada. Então perguntei se ela sabia por que se proíbe às crianças brincar com fósforos.

– Devido ao risco de incêndio. Os filhos do meu tio gostam muito de brincar com fósforos.

– Não só por isso. As pessoas as advertem para não brincar com fogo e ligam a isso uma certa crença.

Ela nada sabia a respeito.

– Bem, as pessoas temem que as crianças molhem a cama. Na base disso provavelmente está a oposição entre água e *fogo*. Por exemplo, que sonhem com fogo e então tentem apagá-lo com água. Não sei dizer isso com exatidão. Mas vejo que a oposição entre água e fogo presta excelentes serviços à senhorita no sonho. A mamãe quer salvar a caixinha de joias para que não *queime*; nos pensamentos oníricos, importa que a "caixinha de joias" não fique *molhada*. Mas o fogo não é empregado apenas como oposto de água, ele também serve para a representação direta do amor, do apaixonamento, do abrasamento. Assim, partindo do fogo, uma das vias passa por esse significado simbólico e chega aos pensamentos amorosos; a outra passa pelo oposto água – depois de também ter se ramificado numa referência ao amor, que também *molha* – rumo a outro lugar. Mas para onde? Pense nas expressões: que *aconteça um acidente* à *noite*, que *a pessoa seja obrigada a sair*. Isso não significa uma necessidade física, e, se a senhorita transpuser o acidente para a infância, poderá este ser outro senão o de molhar a cama? Mas o que se faz para evitar que as crianças molhem a cama? Não é verdade que são acordadas durante a noite, *exatamente como seu pai faz no sonho*? Este seria portanto

II. O primeiro sonho

o acontecimento real a partir do qual a senhorita toma o direito de substituir o sr. K., que a desperta do sono, pelo seu pai. Tenho de concluir, portanto, que a senhorita molhou a cama por mais tempo do que seria normal nas crianças. Deve ter acontecido o mesmo com seu irmão. Afinal, seu pai diz: *"Não quero que meus dois filhos... pereçam"*. Seu irmão, aliás, nada tem a ver com a situação atual na casa dos K., já que não fora a L. Mas o que dizem as lembranças da senhorita a respeito disso?

– Não sei nada quanto a mim – respondeu ela –, mas meu irmão molhou a cama até os seis ou sete anos, e às vezes isso também lhe acontecia durante o dia.

Eu queria justamente chamar a atenção dela a respeito de como era muito mais fácil lembrar-se de coisas assim referentes ao irmão do que referentes a si, quando ela, recuperando a memória, continuou:

– Sim, também tive isso, mas apenas por um tempo aos sete ou oito anos. Deve ter sido grave, pois lembro agora que consultaram o doutor. Isso foi até pouco antes da asma nervosa.

– O que o doutor disse?

– Ele definiu o problema como uma fraqueza nervosa: "Isso já passará", disse ele, e prescreveu fortificantes.[14]

---

14. Esse era o único médico em quem ela mostrava confiar, pois percebeu com essa experiência que ele não descobriria seu segredo. Ela sentia medo de qualquer outro que ainda não conseguisse avaliar, medo que era portanto motivado pela possibilidade de ele descobrir seu segredo.

A interpretação do sonho me parecia agora concluída.[15] No dia seguinte, Dora ainda trouxe um complemento ao sonho. Ela esquecera de contar que todas as vezes, após despertar, sentira cheiro de fumaça. A fumaça se ajustava bem ao fogo, afinal; ela também apontava para o fato de o sonho ter uma relação especial com minha pessoa, pois, quando ela afirmava que não havia nada por trás disso ou daquilo, eu costumava objetar com frequência: "Onde há fumaça, há fogo". Mas, contra essa interpretação exclusivamente pessoal, ela argumentou que o sr. K. e o pai dela eram fumantes apaixonados, como, de resto, também eu. Ela própria fumou junto ao lago, e o sr. K., antes de começar daquela vez com seu infeliz galanteio, enrolara-lhe um cigarro. Ela também acreditava lembrar-se com segurança de que o cheiro de fumaça não surgira apenas no último sonho, mas já nos três sonhos em L. Visto que ela se recusava a dar outras informações, ficou a meu cargo inserir esse complemento na estrutura dos pensamentos oníricos. Podia servir-me de ponto de apoio o fato de a percepção da fumaça ser um complemento, ou seja, ter precisado superar um esforço especial do recalcamento. Por conseguinte, ela provavelmente pertencia ao pensamento mais obscuramente figurado e mais bem recalcado no sonho, ou seja, ao da tentação de se mostrar solícita ao homem. Assim, tal percepção dificilmente poderia significar outra coisa senão o anseio por um beijo, que, no caso de um fumante, neces-

---

15. Traduzido, o cerne do sonho seria aproximadamente o seguinte: "A tentação é muito forte. Querido papai, proteja-me outra vez como nos tempos de criança para que minha cama não fique molhada!".

II. O primeiro sonho

sariamente tem gosto de fumaça; porém, ocorrera um beijo entre eles cerca de dois anos antes, e com certeza ele teria se repetido mais de uma vez se a moça tivesse cedido ao galanteio. Desse modo, os pensamentos da tentação parecem ter recorrido à cena mais antiga e despertado a lembrança do beijo, contra cuja sedução a chupadora se protegeu na época através do nojo. Se, por fim, eu reunir os indícios que tornam provável uma transferência a mim, pois também sou fumante, chego à perspectiva de que um dia provavelmente lhe ocorreu durante a sessão desejar um beijo meu. Este foi para ela o ensejo para repetir o sonho de advertência e tomar a decisão de abandonar o tratamento. Assim, as coisas se harmonizam muito bem, mas, graças às peculiaridades da "transferência", furtam-se à demonstração.

Eu poderia hesitar agora entre abordar primeiro o ganho desse sonho para a história clínica do caso, ou, de preferência, eliminar a objeção obtida a partir dele contra a teoria dos sonhos. Escolho o primeiro ponto.

Vale a pena aprofundar-se em detalhes no significado da enurese na pré-história dos neuróticos. Por razões de clareza, limito-me a acentuar que o caso de enurese de Dora não era comum. O distúrbio não se prolongou simplesmente além do tempo considerado normal, mas, segundo a informação precisa dela, sumira de início e então reaparecera relativamente tarde, depois do sexto ano de vida. Tal enurese, pelo que sei, não tem outra causa mais provável que a masturbação, que ainda representa um papel muito pouco estimado na etiologia da enurese em geral. Pela minha experiência, as próprias crianças conheciam muito bem essa conexão, e todas as consequências psíquicas se derivam disso de tal modo como se nunca a tivessem esquecido. No momento em que o sonho foi relatado, encontrávamo-nos numa linha de investigação que se dirige diretamente a uma tal confissão de masturbação infantil. Um pouco antes, ela levantara a questão de por que, afinal, justamente ela ficara doente e, antes que eu desse uma resposta, jogou a culpa no pai. Isso não se baseava em pensamentos inconscientes, mas em conhecimento consciente. Para meu espanto, a moça sabia qual fora a natureza da doença do pai. Depois que este voltara de meu consultório, ela ouvira às escondidas uma conversa em que o nome da doença era citado. Em anos ainda mais remotos, na época do descolamento da retina, um oftalmologista consultado deve ter aludido à etiologia luética, pois a menina curiosa e apreensiva ouviu uma velha tia dizer à mãe, na época: "Afinal, ele já estava doente antes do casamento", acrescentando algo que ela não compreendeu e que mais tarde interpretou como relacionado a coisas indecentes.

Portanto, o pai adoecera devido ao seu modo de vida leviano, e ela supôs que ele lhe transmitira a condição doentia hereditariamente. Guardei-me de dizer-lhe que, conforme mencionei (p. 56-57, nota de rodapé), também defendo a opinião de que a descendência dos luéticos é especialmente predisposta a graves neuropsicoses. A continuação desse curso de pensamento com acusações ao pai passava por material inconsciente. Por alguns dias, ela se identificou, em pequenos sintomas e peculiaridades, com a mãe, o que lhe deu ocasião de mostrar o quanto ela podia

II. O primeiro sonho

ser insuportável e então me permitiu descobrir que ela pensava numa estadia em Franzensbad[16], que – não sei mais em que ano – visitara na companhia da mãe. A mãe padecia de dores no baixo-ventre e de um corrimento – catarro – que tornaram necessário um tratamento em Franzensbad. Era sua opinião – mais uma vez, provavelmente justificada – que essa doença provinha do pai, que, portanto, transmitira sua afecção venérea à mãe. Era perfeitamente compreensível que nessa inferência ela confundisse, como uma grande parte dos leigos em geral, gonorreia e sífilis, transmissão hereditária e através de relações sexuais. Sua insistência na identificação praticamente me obrigou a perguntar se ela também tinha uma doença venérea, e então fiquei sabendo que ela estava acometida por um catarro (*fluor albus* [leucorreia]) de cujo início ela não conseguia se recordar.

Compreendi, então, que por trás do curso de pensamentos que acusava o pai em altos brados se achava escondida, como de costume, uma autorrecriminação, e vim ao encontro de Dora ao assegurar-lhe que o *fluor* das mocinhas, a meu ver, apontava sobretudo para a masturbação, e que, comparadas a esta, eu deixava em segundo plano todas as outras causas usualmente aduzidas para tal moléstia.[17] Portanto, ela estaria a caminho de responder à sua própria pergunta, sobre por que justamente ela adoecera, com a confissão da masturbação, provavelmente na infância. Ela negou da maneira mais resoluta recordar-se

---

16. Estância termal na Boêmia. (N.E.)
17. [*Acréscimo de 1923:*] Uma concepção extrema que eu não defenderia mais hoje.

de algo do gênero. Mas, alguns dias mais tarde, ela apresentou algo que tive de considerar como outra aproximação à confissão. É que nesse dia ela tinha a tiracolo, o que nunca acontecera antes nem jamais aconteceria depois, uma bolsinha porta-moedas, do formato que acabara de entrar na moda, e brincava com ela enquanto falava em posição deitada, abrindo-a, enfiando um dedo, voltando a fechá-la etc. Observei-a por um momento e então lhe expliquei o que é uma *ação sintomática*.[18] Chamo de ações sintomáticas aquelas operações que a pessoa executa, como se diz, de maneira automática, inconsciente, sem prestar atenção, como que brincando, às quais gostaria de negar qualquer significado e que declara serem indiferentes e casuais quando questionada a respeito. Uma observação mais cuidadosa mostra então que tais ações, das quais a consciência nada sabe ou nada quer saber, expressam pensamentos e impulsos [*Impulsen*] inconscientes; logo, como manifestações permitidas do inconsciente, elas são valiosas e instrutivas. Há dois tipos de comportamento consciente em relação às ações sintomáticas. Caso a pessoa possa motivá-las por algo irrelevante, toma conhecimento delas; caso não exista tal pretexto diante do consciente, via de regra a pessoa não percebe de forma alguma que as executa. No caso de Dora, a motivação era fácil: "Por que não posso usar uma bolsinha como essa que agora entrou na moda?". Mas tal justificação não elimina a possibilidade da origem inconsciente da ação em questão. Por outro lado, não é possível provar de maneira concludente essa origem e o sentido que atribuímos

---

18. Ver meu tratado *Sobre a psicopatologia da vida cotidiana* (1901 *b*).

II. O primeiro sonho

à ação. É preciso contentar-se em constatar que tal sentido se encaixa perfeitamente no contexto da situação presente, na ordem do dia do inconsciente.

Noutra ocasião, apresentarei uma coleção de tais ações sintomáticas, tal como podem ser observadas em pessoas saudáveis e neuróticas. As interpretações são às vezes bastante fáceis. A bolsinha bifoliada de Dora não é outra coisa senão uma figuração dos genitais, e seu ato de brincar com ela, o gesto de abri-la e enfiar o dedo, uma comunicação pantomímica, verdadeiramente desinibida mas inequívoca, do que gostaria de fazer com eles, da masturbação. Há pouco me ocorreu um caso semelhante que foi muito divertido. No meio da sessão, uma senhora de mais idade puxa uma caixinha de marfim, supostamente para se refrescar com uma bala, esforça-se por abri-la e então a estende a mim para que eu me convença de como é difícil fazê-lo. Expresso minha desconfiança de que essa caixa signifique algo especial, pois afinal a vejo hoje pela primeira vez, embora sua proprietária já se consulte comigo há mais de um ano. A isso, ela responde exaltada: "Sempre levo essa caixa comigo, levo-a comigo por todo lugar que eu vá!". Ela só se acalma depois de eu chamar sua atenção, rindo, para o fato de suas palavras servirem muito bem a um outro significado. A caixa – *box*, πύξις –, tal como a bolsinha, tal como a caixinha de joias, é apenas uma representante da concha de Vênus, dos genitais femininos!

Há muito desse simbolismo na vida, e costumamos passar por ele sem lhe dar atenção. Quando me coloquei a tarefa de trazer à luz o que as pessoas escondem, não através da coação da hipnose, e sim a partir do que dizem e mostram, julguei que a tarefa fosse mais difícil do que realmente é. Quem tem olhos para ver e ouvidos para ouvir se convence de que os mortais não podem esconder nenhum segredo. A pessoa cujos lábios se calam tagarela com as pontas dos dedos; a denúncia sai por todos os seus poros. E por isso é perfeitamente solucionável a tarefa de tornar consciente o conteúdo psíquico mais oculto.

A ação sintomática de Dora com a bolsinha não foi a precursora imediata do sonho. Ela iniciou com uma outra ação sintomática a sessão que nos trouxe o relato do sonho. Quando entrei na sala onde ela esperava, ela escondeu rapidamente uma carta que estava lendo. É claro que perguntei de quem era a carta, e de início ela se recusou a me dizer. Então veio à tona algo que era extremamente indiferente e sem relação com o nosso tratamento. Era uma carta da avó, em que esta a exortava a escrever-lhe com mais frequência. Penso que ela apenas queria me ludibriar com um "segredo" e aludir ao fato de que agora deixaria o médico arrancar seu segredo. Sua aversão a cada novo médico, explico-a pelo medo de que ele poderia chegar ao fundo do sofrimento dela por ocasião da investigação (por meio do catarro) ou do exame (através do relato sobre a enurese), descobrir a masturbação no caso dela. Depois ela sempre falava com bastante desdém dos médicos, que antes, evidentemente, superestimara.

Acusações contra o pai, dizendo que ele a deixara doente, acompanhadas de autoacusações por trás delas – *fluor albus* – brincar com a bolsinha – enurese depois dos seis

II. O primeiro sonho

anos – um segredo que ela não quer deixar que os médicos lhe arranquem: julgo que as provas circunstanciais da masturbação infantil foram estabelecidas sem lacunas. Comecei a suspeitar da masturbação nesse caso quando ela me contou das dores de estômago da prima (ver p. 79), identificando-se em seguida com ela ao queixar-se por dias a fio das mesmas sensações dolorosas. É sabido que dores de estômago surgem com muita frequência justamente em masturbadores. Segundo uma informação pessoal de W. Fliess, essas são precisamente as gastralgias que podem ser interrompidas pela cocainização do "ponto estomacal" por ele descoberto no nariz e curadas pela cauterização desse ponto. Dora me confirmou conscientemente duas coisas, que ela mesma padecera frequentemente de dores de estômago e que tomava a prima, com boas razões, por uma masturbadora. É bastante comum os doentes reconhecerem em outros uma conexão cujo reconhecimento em sua própria pessoa lhes é impossibilitado por resistências emocionais. Ela tampouco negava isso, embora ainda não se recordasse de nada. Também julgo clinicamente aproveitável a cronologia da enurese, "até pouco antes do surgimento da asma nervosa". Os sintomas histéricos quase nunca aparecem enquanto as crianças se masturbam, e sim apenas durante a abstinência[19]; eles expressam um substituto para a satisfação masturbatória, cuja ânsia continua existindo no inconsciente enquanto não ocorrer outro tipo de satisfação mais normal, quando

---

19. Em princípio, vale o mesmo para os adultos, só que nesse caso basta também a abstinência relativa, a limitação da masturbação, de maneira que histeria e masturbação podem ocorrer conjuntamente se a libido for intensa.

esta ainda se mantém possível. Esta última condição é o ponto de virada para uma possível cura da histeria por meio do casamento e de relações sexuais normais. Se a satisfação no casamento voltar a ser suspensa – por exemplo, devido ao *coitus interruptus*, ao distanciamento psíquico etc. –, a libido volta a procurar seu antigo escoadouro e se expressa outra vez em sintomas histéricos.

Eu ainda acrescentaria de bom grado a informação segura sobre quando e por qual influência específica a masturbação fora reprimida em Dora, mas a incompletude da análise me obriga a apresentar aqui material lacunoso. Vimos que a enurese esteve próxima da primeira vez em que ela adoeceu de dispneia. Porém, a única coisa que ela soube dizer para explicar esse primeiro estado era que então o pai partira em viagem pela primeira vez após melhorar. Esse pedacinho conservado de lembrança tinha de aludir a uma relação com a etiologia da dispneia. Através de ações sintomáticas e outros indícios, obtive um bom fundamento para supor que a criança, cujo quarto se achava ao lado do dos pais, escutara uma visita noturna do pai à sua mulher, ouvindo o arquejar do homem, que além disso tinha fôlego curto, durante o coito. Em tais casos, as crianças adivinham o sexual pelos ruídos sinistros. Os movimentos expressivos da excitação sexual se encontram a postos nelas, afinal, como mecanismos inatos. Anos atrás, já expus que a dispneia e as palpitações da histeria e da neurose de angústia[20] são apenas

---

20. "Neurose de angústia" traduz aqui *Angstneurose*. Embora na maior parte das vezes a melhor tradução para *Angst* seja simplesmente "medo" – dado o uso preponderante do termo em relação com as fobias –, neste contexto parece legítimo usar "angústia", visto que o objeto (continua)

II. O primeiro sonho

fragmentos desprendidos da ação do coito, e, em muitos casos, como o de Dora, pude explicar o sintoma da dispneia, da asma nervosa, pelo mesmo motivo, o escutar da relação sexual dos adultos. Sob a influência da coexcitação estabelecida naquela época, pôde muito provavelmente ocorrer a virada na sexualidade da menina que substituiu a tendência masturbatória pela tendência à angústia. Algum tempo depois, quando o pai estava ausente e a filha apaixonada se lembrava dele com saudade, ela repetiu então a impressão como ataque de asma. Do ensejo, conservado na memória, para esse adoecimento, ainda se pode depreender o curso angustioso de pensamentos que acompanhava o ataque. Este a acometeu pela primeira vez depois que ela se esforçou demais numa excursão pelas montanhas, provavelmente sentindo uma certa falta real de ar. A esta juntou-se a ideia de que subir montanhas estava proibido ao pai, que ele não poderia se esforçar demais em razão de seu fôlego curto, além da lembrança do quanto ele se esforçou à noite junto à mãe, algo que poderia tê-lo prejudicado; além disso, a preocupação sobre se ela mesma não se esforçara demais ao masturbar-se, prática que igualmente leva ao orgasmo sexual acompanhado de um pouco de dispneia, bem como o retorno reforçado dessa dispneia como sintoma. Ainda pude extrair uma parte desse material da análise; quanto à outra, precisei complementá-la. A partir da constatação da masturbação, vimos, afinal, que o material de um tema ape-

---

(cont.) do medo, nestas primeiras teorizações de Freud em torno do assunto, nem sempre é claramente definido. (N.T.)

nas é reunido pedaço por pedaço em diferentes momentos e em diferentes contextos.[21]

Levanta-se agora uma série de importantíssimas questões a respeito da etiologia da histeria: se podemos considerar o caso de Dora como típico para a etiologia, se ele representa o único tipo de causação etc. Porém, certamente ajo de forma correta ao deixar a resposta a essas questões aguardar primeiro pela comunicação de uma série maior de casos semelhantemente analisados. Além disso, eu teria de começar endireitando a questão. Em vez de me manifestar com um sim ou um não sobre a questão de saber se

---

21. A prova da masturbação infantil é estabelecida de maneira muito parecida também em outros casos. Na maioria das vezes, o material para tanto é de natureza semelhante: indícios de *fluor albus*, enurese, cerimonial com as mãos (compulsão a lavar-se) etc. Da sintomatologia do caso se pode depreender todas as vezes com segurança se o hábito foi descoberto ou não por uma pessoa responsável, se essa atividade sexual foi encerrada por uma luta de desabituação ou por uma mudança súbita. No caso de Dora, a masturbação não fora descoberta e tivera fim de um golpe (segredo, medo de médicos – substituição por dispneia). É verdade que os pacientes geralmente contestam a força probatória desses indícios, mesmo quando a recordação do catarro ou da advertência da mãe ("isso deixa imbecil; isso é nojento") se conservou numa lembrança consciente. Mas, algum tempo depois, mesmo a lembrança, por tanto tempo recalcada, dessa parte da vida sexual infantil se restabelece com segurança, e isso em todos os casos. – Numa paciente com ideias obsessivas, derivadas diretamente da masturbação infantil, os traços de proibições autoimpostas, de autopunições, de não fazer uma coisa se tivesse feito outra, de não poder ser perturbada, de introduzir pausas entre uma ação (com as mãos) e uma seguinte, de lavar-se as mãos etc. revelaram-se como partes, que se conservaram inalteradas, do trabalho de desabituação conduzido pela pessoa responsável por ela. A advertência: "Eca, isso é nojento!" foi a única coisa que permanecera sempre conservada na memória. Acerca disso, ver ainda meus *Três ensaios sobre a teoria da sexualidade* (1905 d).

II. O primeiro sonho

a etiologia desse caso patológico deve ser buscada na masturbação infantil, eu teria de discutir primeiro o conceito de etiologia nas psiconeuroses. O ponto de vista do qual eu poderia responder se revelaria como essencialmente deslocado em relação ao ponto de vista do qual a questão me é colocada. Para o caso em questão, basta que cheguemos à convicção de que a masturbação infantil é demonstrável aqui, de que ela não pode ser algo casual nem indiferente para a configuração do quadro clínico.[22] Acena-nos uma compreensão mais ampla dos sintomas de Dora quando examinamos o significado do *fluor albus* por ela confessado. A palavra "catarro", com a qual aprendeu a designar sua afecção quando uma moléstia semelhante obrigou a mãe a ir a Franzensbad, é, mais uma vez, uma "chave", a qual abriu o acesso à manifestação no sintoma da tosse para toda a série de pensamentos sobre a culpa do pai pela doença. Essa tosse, que por certo provinha originalmente de um catarro insignificante e real, era, além disso, uma imitação do pai,

---

22. O irmão deve estar ligado de alguma forma ao hábito da masturbação, pois neste contexto ela relatou, com a ênfase que denuncia uma "lembrança encobridora", que o irmão lhe transmitia regularmente todas as infecções pelas quais ele próprio passou facilmente, mas ela, com dificuldade. O irmão também é protegido do "perecimento" no sonho; ele próprio padecera de enurese, mas parara com isso antes da irmã. Em certo sentido, era também uma "lembrança encobridora" quando ela declarou que até a primeira doença conseguira estar à altura do irmão, e que a partir de então ficara para trás no aprendizado. Como se até ali tivesse sido um menino, e só então se tornado uma menina. Ela fora realmente uma criatura selvagem; desde a "asma", ficou quieta e bem-comportada. Esse adoecimento constituiu nela a fronteira entre duas fases da vida sexual, das quais a primeira tinha caráter masculino, e a segunda, feminino.

também acometido por uma doença pulmonar, podendo dar expressão à compaixão e à preocupação dela por ele. Ademais, essa tosse bradava ao mundo, por assim dizer, o que então talvez ainda não fosse consciente para Dora: "Sou a filha do papai. Tenho um catarro, como ele. Ele me deixou doente, tal como adoeceu a mamãe. Dele tenho as más paixões que são castigadas através de doenças".[23]

Podemos agora fazer a tentativa de combinar as diversas determinações que encontramos para os ataques de tosse e rouquidão. Na camada mais baixa, cabe supor um estímulo tussígeno real, organicamente condicionado, ou seja, o grão de areia em torno do qual o molusco forma a pérola. Esse estímulo é fixável, pois afeta uma região do corpo que na moça conservou em alto grau o significado de zona erógena. Ele é portanto apropriado para dar expressão à libido excitada. Ele é fixado por aquele que provavelmente é o primeiro revestimento psíquico, a imitação compassiva do pai doente e, em seguida, pelas autorrecriminações devido ao "catarro". Além disso, o mesmo grupo de sintomas se mostra capaz de figurar as relações com o sr. K., de lamentar

---

23. A palavra "catarro" representou o mesmo papel no caso da moça de catorze anos cujo histórico clínico resumi em algumas linhas à página 62, na nota de rodapé. Eu havia instalado a criança numa pensão, na companhia de uma senhora inteligente que me prestava os serviços de uma cuidadora. Essa senhora me relatou que a pequena paciente não tolerava sua presença no momento de ir deitar-se e tossia chamativamente na cama, coisa que não se ouvia durante o dia. Quando perguntada sobre esses sintomas, apenas ocorreu à menina que essa era a forma de tossir de sua avó, de quem se dizia que tinha um catarro. Era claro, então, que também ela tinha um catarro e que não queria ser observada na limpeza que fazia à noite. O catarro, que mediante essa palavra fora empurrado *de baixo para cima*, mostrava inclusive uma intensidade nada comum.

II. O primeiro sonho

sua ausência e de expressar o desejo de ser-lhe uma esposa melhor. Depois que uma parte da libido se voltou outra vez ao pai, o sintoma adquire talvez seu último significado ao figurar a relação sexual com o pai na identificação com a sra. K. Gostaria de garantir que essa série não é de forma alguma completa. Infelizmente, a análise incompleta não é capaz de acompanhar temporalmente a mudança de significado, de aclarar a sequência e a coexistência de diferentes significados. A uma análise completa, pode-se fazer tais exigências.

Não posso deixar agora de entrar em outras relações do catarro genital com os sintomas histéricos de Dora. Na época em que uma explicação psíquica da histeria ainda estava longe, eu ouvia colegas mais velhos e experientes afirmarem que nas pacientes histéricas com *fluor* um agravamento do catarro geralmente acarretava uma agudização dos sofrimentos histéricos, em especial da falta de apetite e dos vômitos. Ninguém tinha exata clareza quanto ao nexo, mas acredito que eles se inclinavam para a opinião dos ginecologistas, que, como se sabe, aceitam em larguíssima medida uma influência direta e organicamente perturbadora das afecções genitais sobre as funções nervosas, uma conta cuja prova terapêutica nos deixa na maioria das vezes em apuros. No estágio atual de nossa compreensão, tampouco podemos declarar excluída tal influência direta e orgânica, mas, de todo modo, seu revestimento psíquico é mais facilmente demonstrável. O orgulho quanto ao aspecto dos genitais é entre nossas mulheres uma parte bem especial de sua vaidade; afecções deles, consideradas capazes de inspirar repulsa ou mesmo nojo, atuam de maneira inacreditavelmente ofensiva, rebaixando a autoestima, tornando-as irritáveis, suscetíveis e desconfiadas. A secreção anormal da mucosa vaginal é considerada asquerosa.

Recordemo-nos de que após o beijo do sr. K. surgiu em Dora uma vívida sensação de náusea, e que vimos razão em complementar seu relato dessa cena de beijo afirmando que ela sentiu a pressão do membro ereto contra seu corpo ao ser abraçada. Além disso, ficamos sabendo que a mesma governanta que Dora afastara de si devido à infidelidade dissera-lhe, a partir de sua própria experiência de vida, que todos os homens são levianos e indignos de confiança. Para Dora, isso tinha de significar que todos os homens eram como seu pai. No entanto, ela considerava que o pai tinha uma doença venérea, já que transmitira essa doença a ela e à mãe. Assim, ela podia imaginar que todos os homens têm doenças venéreas, e o conceito de doença venérea dela fora, naturalmente, formado segundo sua única e, além disso, pessoal experiência. Estar acometido por uma doença venérea significava para ela, portanto, ser afetado por um corrimento asqueroso – e isso não teria sido uma motivação adicional para a náusea que ela sentiu no momento do abraço? Essa náusea transferida ao contato do homem seria então uma náusea projetada conforme o mencionado mecanismo primitivo (ver p. 75-6), e que, em última análise, se referia ao próprio *fluor* dela.

Presumo que aqui se trate de cursos inconscientes de pensamento que são puxados sobre nexos orgânicos pré--formados, mais ou menos como guirlandas de flores sobre arame trançado, de maneira que noutra ocasião poderemos

II. O primeiro sonho

encontrar outros caminhos de pensamento intercalados entre os mesmos pontos de partida e de chegada. No entanto, o conhecimento das conexões de pensamento que estiveram ativas a cada vez tem valor insubstituível para a solução dos sintomas. O fato de no caso de Dora termos de recorrer a suposições e complementos só se justifica devido à interrupção prematura da análise. O que apresento para preencher as lacunas se apoia sem exceção em outros casos, analisados a fundo.

O sonho cuja análise nos trouxe os esclarecimentos precedentes corresponde, conforme descobrimos, a um propósito que Dora leva consigo para o sono. Por isso, ele se repete a cada noite até o propósito ser cumprido e reaparece anos depois tão logo surja uma ocasião de estabelecer um propósito análogo. De forma consciente, o propósito pode ser expresso mais ou menos assim: "Para fora desta casa, na qual, como vi, minha virgindade corre perigo; partirei com o papai e, pela manhã, durante a toalete, tomarei cuidado para não ser surpreendida". Esses pensamentos encontram sua expressão nítida no sonho; eles pertencem a uma corrente que, na vida de vigília, chegou à consciência e ao controle. Por trás deles, deixa-se adivinhar um curso de pensamentos representado e obscuro que corresponde à corrente oposta e, por isso, sucumbiu ao recalcamento. Ele culmina na tentação de entregar-se ao homem em gratidão pelo amor e pela ternura que lhe foram demonstrados nos últimos anos, evocando talvez a recordação do único beijo que recebera dele até então. Mas, segundo a teoria desenvolvida em minha *Interpretação dos sonhos*, tais elementos não bastam para formar um sonho. Um sonho não é um propósito que é figurado como executado, e sim um desejo figurado como cumprido, e, mais exatamente, quando possível um desejo da vida infantil. Temos o dever de testar se essa tese não é refutada pelo nosso sonho.

    O sonho contém de fato material infantil, que, à primeira vista, não se encontra em qualquer relação averiguável com o propósito de fugir da casa do sr. K. e da tentação que dele emana. Para que fim emerge a recordação da enurese infantil e do esforço que o pai teve na época para habituar a criança a manter-se limpa? Pode-se responder: porque apenas com a ajuda desse curso de pensamento é possível reprimir os intensos pensamentos tentadores e colocar no controle o propósito estabelecido contra eles. A menina decide fugir *com* o pai; na realidade, refugia-se *junto* a ele por medo do homem que a persegue; ela desperta uma inclinação infantil pelo pai, a qual deve protegê-la da inclinação recente pelo homem estranho. O próprio pai, que a abandonou ao estranho devido a seus próprios interesses amorosos, é cúmplice do perigo presente. Como as coisas eram muito melhores quando esse mesmo pai não gostava de ninguém mais do que dela e se esforçava por salvá-la dos perigos que então a ameaçavam! O desejo infantil e hoje inconsciente de colocar o pai no lugar do homem estranho é uma potência formadora de sonhos. Se houve uma situação que, sendo semelhante a uma das situações presentes, não obstante se distinguiu desta por essa substituição de pessoas, ela se transforma na situação principal do conteúdo onírico. Há

II. O primeiro sonho

uma tal situação; exatamente como o sr. K. no dia anterior, o pai estava no passado diante da cama dela e a acordava, quem sabe com um beijo, como talvez o sr. K. pretendera fazer. O propósito de fugir da casa não é, portanto, capaz por si só de gerar um sonho; ele se torna capaz disso quando a ele se junta um outro propósito, apoiado em desejos infantis. O desejo de substituir o sr. K. pelo pai fornece a força impulsora para o sonho. Recordo a interpretação à qual me obrigou o intensificado curso de pensamentos referente à relação do pai com a sra. K., a de que aí fora despertada uma inclinação infantil pelo pai a fim de conseguir manter no recalcamento o amor recalcado ao sr. K.; o sonho reflete essa reviravolta na vida psíquica da paciente.

Sobre a relação entre os pensamentos de vigília que prosseguem no sono – os restos diurnos – e o desejo inconsciente formador de sonhos, registrei algumas observações em *A interpretação dos sonhos*, que citarei aqui sem alterações, pois nada tenho a lhes acrescentar, e a análise deste sonho de Dora prova mais uma vez que as coisas não se passam de outra forma.

"Admito a existência de toda uma classe de sonhos cuja *incitação* provém de maneira predominante ou mesmo exclusiva dos restos da vida diurna, e acho que até meu desejo de finalmente me tornar professor adjunto[24] poderia ter me deixado dormir em paz naquela noite se a preocupação com a saúde de meu amigo não tivesse permanecido ativa

---
24. Isso se refere à análise do sonho lá tomado como modelo. [Trata-se do sonho "Otto não parece bem", constante do capítulo V. A citação provém do capítulo VII, seção C. Ver, respectivamente, L&PM POCKET 1060, p. 292-4, e L&PM POCKET 1061, p. 589. (N.T.)]

noite adentro. Mas só essa preocupação não teria produzido um sonho; a *força impulsora* de que o sonho precisava teve de ser fornecida por um desejo; era assunto da preocupação arranjar tal desejo para o papel de força impulsora. Usando uma imagem: é bem possível que um pensamento diurno represente o papel de *empresário* para o sonho; porém o empresário, que, como se diz, tem a ideia e o ímpeto para realizá-la, não pode fazer nada sem capital; ele precisa de um capitalista para custear os gastos, e esse capitalista que disponibiliza o gasto psíquico para o sonho é sempre e inegavelmente, qualquer que seja o pensamento diurno, *um desejo provindo do inconsciente.*"

Quem tenha tomado conhecimento da sutileza da estrutura de formações tais como os sonhos não se surpreenderá ao descobrir que o desejo de que o pai assuma o lugar do homem tentador não traz de forma alguma à memória um material qualquer da infância, mas precisamente aquele que também guarda as mais íntimas relações com a repressão dessa tentação. Pois se Dora se sente incapaz de ceder ao amor por esse homem, se o resultado é o recalcamento desse amor em lugar da entrega, tal decisão não se encontra mais estreitamente relacionada com nenhum outro fator senão com seu gozo sexual precoce e suas consequências: a enurese, o catarro e a náusea. Semelhante pré-história pode, de acordo com o somatório das condições constitucionais, fundamentar dois tipos de comportamento frente à exigência amorosa em época madura: ou a entrega inteiramente sem resistências à sexualidade, entrando no âmbito da perversão, ou, numa reação, a recusa à sexualidade em meio ao adoecimento

II. O primeiro sonho

neurótico. Em nossa paciente, a constituição e o nível da educação intelectual e moral decidiram em favor do segundo.

Ainda quero chamar especialmente a atenção para o fato de a partir da análise desse sonho termos encontrado o acesso a pormenores das vivências de efeito patogênico que usualmente não haviam sido acessíveis à lembrança, ou, pelo menos, à reprodução. A lembrança da enurese da infância já estava recalcada, conforme se verificou. Dora jamais havia mencionado os pormenores da perseguição do sr. K., eles não haviam lhe ocorrido.

Mais algumas observações acerca da síntese desse sonho. O trabalho do sonho tem início na tarde do segundo dia após a cena no bosque, depois que ela percebe que não pode mais trancar seu quarto. Então ela diz a si mesma: "Estou correndo sério perigo aqui", e forma o propósito de não ficar sozinha na casa, mas partir com o pai. Esse propósito se torna capaz de formar um sonho porque consegue prosseguir no inconsciente. Ali lhe corresponde o fato de ela evocar o amor infantil pelo pai como proteção contra a tentação atual. A mudança que se consuma nela se fixa e a conduz ao ponto de vista que seu curso *supervalente* de pensamentos representa (ciúme em relação à sra. K. por causa do pai, como se Dora estivesse apaixonada por ele). Digladiam-se nela a tentação de ceder ao cortejador e a resistência a isso, composta por vários elementos. Esta se compõe de motivos de decoro e ponderação, de moções hostis decorrentes da revelação da governanta (ciúme, orgulho ferido, ver adiante p. 164-166) e de um elemento neurótico, qual seja, a parcela de aversão sexual pronta nela e que se baseia em sua história infantil. O amor ao pai evocado como proteção contra a tentação provém dessa história infantil.

O sonho transforma o propósito de se refugiar junto ao pai, propósito que entra fundo no inconsciente, numa situação que mostra realizado o desejo de que o pai a salve do perigo. Nisto, cabe afastar um pensamento que obstrui o caminho, o de que foi ele, afinal, que a colocou nesse perigo. Veremos que a moção hostil contra o pai aqui reprimida (inclinação à vingança) é um dos motores do segundo sonho.

De acordo com as condições da formação de sonhos, a situação fantasiada é escolhida de tal modo a repetir uma situação infantil. Constitui um triunfo especial quando é possível transformar uma situação recente, como, por exemplo, justamente a situação do motivo para o sonho, numa situação infantil. Isso funciona aqui por pura casualidade do material. Assim como o sr. K. estava diante da cama dela e a acordou, assim o fazia o pai com frequência nos anos de infância. Toda a mudança de Dora se deixa simbolizar de forma certeira pela substituição que fez do sr. K. pelo pai nessa situação.

Mas, no passado, o pai a acordava para que ela não deixasse a cama molhada.

Esse "molhada" se torna determinante para o conteúdo onírico adicional, no qual, porém, só é representado por uma alusão remota e por seu oposto.

O oposto a "molhada", "água", pode ser facilmente "fogo", "queimar". A casualidade de que o pai tenha manifestado medo do risco de incêndio ao chegarem ao lugar ajuda a decidir que o perigo do qual o pai a salva seja um perigo de incêndio. Nesse acaso e na oposição a "molhada" se apoia a situação escolhida da imagem onírica: há um incêndio, o pai está parado diante da cama dela para despertá-la. A declaração casual do pai por certo não alcançaria essa importância no conteúdo onírico se não se harmonizasse de maneira tão extraordinária com a corrente emocional vitoriosa, que pretende encontrar no pai a todo custo o ajudante e salvador. Ele suspeitou do perigo logo na chegada, ele tinha razão! (Na realidade, ele tinha trazido a moça para esse perigo.)

Nos pensamentos oníricos, cabe ao "molhada", em decorrência de relações que facilmente podem ser estabelecidas, o papel de um ponto nodal para vários círculos de representações. "Molhada" não diz respeito apenas à enurese, mas também ao círculo dos pensamentos sexuais tentadores, que se encontram reprimidos por trás desse conteúdo onírico. Ela sabe que também há um molhamento na relação sexual, que durante o coito o homem dá a mulher algo líquido em *forma de gotas*. Ela sabe que o perigo está justamente nisso, que lhe é dada a tarefa de proteger os genitais de serem molhados.

Com "molhada" e "gotas" se abre ao mesmo tempo o outro círculo de associações, o do catarro asqueroso, que, nos anos mais maduros dela, por certo tem o mesmo significado vergonhoso que a enurese no período infantil. "Molhada" se torna aqui sinônimo de "suja". Afinal, os genitais que devem ser mantidos limpos já estão sujos pelo catarro, aliás, na mãe exatamente como nela (p. 127). Ela parece compreender que a mania de limpeza da mãe é a reação a essa sujeira.

Ambos os círculos reúnem-se neste único: a mãe apanhou as duas coisas do pai, o molhamento sexual e o *fluor* que suja. O ciúme em relação à mãe é inseparável do círculo de pensamentos do amor infantil pelo pai aqui invocado como proteção. Mas esse material ainda não é passível de figuração. Porém, se for possível achar uma lembrança que esteja em idêntica boa relação com ambos os círculos de "molhada", porém que evite as coisas chocantes, essa lembrança poderá assumir a representação no conteúdo onírico.

Semelhante lembrança pode ser encontrada no acontecimento das "gotas" que a mãe desejava usar como joias. Aparentemente, a ligação dessa reminiscência com os círculos do molhamento sexual e da sujeira é exterior, superficial, mediada pelas palavras, pois "gotas" é usada como "chave", como palavra ambígua, e "joia" equivale a "limpo"[25], uma oposição um tanto forçada a "sujo". Na realidade, são constatáveis as mais firmes ligações de conteúdo. A lembrança provém do material do ciúme em relação à mãe, enraizado na infância, mas que continuou por longo tempo. Passando pelas duas pontes de palavras, todo o significado que adere às representações da relação sexual entre os pais, do *fluor* e da torturante mania de limpeza da mãe pode ser transportado a essa única reminiscência das "gotas de enfeite".

Porém, um deslocamento adicional ainda precisa ocorrer para os fins do conteúdo onírico. Não entram no sonho as "gotas", mais próximas do "molhamento" original, e sim a mais remota "joia". Assim, se esse elemento for introduzido na situação onírica fixada de antemão, poderíamos ter:

---

25. Em alemão o adjetivo *schmuck* (bonito, elegante, limpo) é idêntico ao substantivo *Schmuck* (joia, adorno, enfeite, ornamento). (N.T.)

II. O primeiro sonho

"A mamãe ainda quer salvar suas joias". Na nova variação, "caixinha de joias", impõe-se *a posteriori* a influência de elementos oriundos do círculo subjacente da tentação pelo sr. K. Este não a presenteou com joias, mas, em compensação, com uma "caixinha", a representante de todas as distinções e ternuras pelas quais ela deveria agora ser grata. E o termo composto então surgido, "caixinha de joias", ainda tem um valor representativo especial. "Caixinha de joias" não é uma imagem usual para os genitais femininos imaculados, intactos? E, por outro lado, uma expressão inofensiva, ou seja, extraordinariamente apropriada tanto para aludir aos pensamentos sexuais por trás do sonho como para ocultá-los?

Assim, "caixinha de joias da mamãe" consta em dois trechos do conteúdo onírico, e esse elemento substitui a menção do ciúme infantil, das gotas – ou seja, do molhamento sexual –, da sujeira causada pelo *fluor* e, por outro lado, dos pensamentos de tentação agora atuais, que compelem a corresponder ao amor e que pintam a iminente – ansiada e ameaçadora – situação sexual. O elemento "caixinha de joias" é, como nenhum outro, um resultado de condensação e deslocamento, e um compromisso de correntes opostas. Sua origem múltipla – de uma fonte infantil como também de uma atual – é por certo indicada por seu duplo aparecimento no conteúdo onírico.

O sonho é a reação a uma vivência fresca, de efeito excitador, que necessariamente desperta a lembrança da única vivência análoga de anos anteriores. Esta é a cena do beijo na loja, por ocasião da qual surgiu a náusea. Porém, a mesma cena é acessível associativamente a partir de outros lugares, do círculo de pensamentos do catarro (ver p. 136) e do da tentação atual. Ela fornece, portanto, uma contribuição própria para o conteúdo onírico, que tem de se adaptar à situação pré-formada. Há um incêndio... o beijo provavelmente tinha gosto de fumaça, ela sente portanto cheiro de fumaça no conteúdo onírico, que, aí, se prolonga além do despertar.

Por desatenção, infelizmente deixei uma lacuna na análise desse sonho. A seguinte fala é colocada na boca do pai: "Não quero que meus dois filhos pereçam etc." (aqui, a partir dos pensamentos oníricos, por certo cabe inserir: "em decorrência da masturbação"). Tais falas oníricas geralmente são compostas a partir de fragmentos de falas reais, ditas ou ouvidas. Eu deveria ter me informado sobre a origem real dessa fala. O resultado dessa inquirição teria mostrado que a construção do sonho é mais intrincada, é verdade, mas com certeza também teria permitido reconhecê-la de maneira mais transparente.

Deveríamos supor que daquela vez em L. esse sonho teve exatamente o mesmo conteúdo que em sua repetição durante o tratamento? Não parece necessário. A experiência mostra que as pessoas afirmam com frequência que tiveram o mesmo sonho, enquanto as manifestações particulares do sonho recorrente diferem por inúmeros detalhes e outras variações profundas. É assim que uma de minhas pacientes relata que teve hoje outra vez seu sonho favorito, que sempre se repete da mesma maneira, o sonho de nadar no mar azul, furar as ondas com prazer etc. Uma investigação mais pormenorizada revela que, sobre o fundo comum, ora se aplica este, ora aquele detalhe; numa ocasião, ela chega

II. O primeiro sonho

a nadar no mar enquanto ele está congelado, em meio a montanhas de gelo. Outros sonhos, que ela não mais tenta fazer passar pelos mesmos, mostram-se intimamente relacionados com esse que é recorrente. Por exemplo, ela vê numa fotografia ao mesmo tempo as terras altas e baixas de Helgoland[26] em dimensões reais; no mar, um barco em que estão dois conhecidos de juventude dela etc.

É certo que o sonho de Dora ocorrido durante o tratamento – talvez sem alterar seu conteúdo manifesto – adquirira um novo significado atual. Entre seus pensamentos oníricos, ele incluía uma relação com meu tratamento e correspondia a uma renovação do propósito passado de esquivar-se de um perigo. Se não entrava em jogo nenhuma ilusão mnêmica da parte dela quando afirmava ter percebido a fumaça após o despertar já em L., cabe reconhecer que ela colocou meu dito "onde há fumaça, há fogo" de maneira muito hábil na forma acabada do sonho, na qual aparece empregado para a superdeterminação do último elemento. Um acaso inegável foi o fato de o último ensejo atual, o trancamento da sala de jantar por parte da mãe, o que levava o irmão a ficar chaveado em seu quarto, trazer para Dora uma ligação com a perseguição do sr. K. em L., onde a decisão dela amadureceu quando não pôde chavear seu quarto. Talvez o irmão não tenha aparecido nos sonhos de então, de maneira que a fala "meus dois filhos" entrou no conteúdo onírico somente após o último ensejo.

---

26. Ilha rochosa no golfo da Alemanha. (N.T.)

III
O segundo sonho

Poucas semanas depois do primeiro sonho sobreveio o segundo, com cuja solução a análise foi interrompida. Não é possível torná-lo tão transparente quanto o primeiro, mas ele trouxe uma confirmação desejada de uma hipótese que se tornou necessária a respeito do estado psíquico da paciente, preencheu uma lacuna de memória e permitiu um entendimento profundo da origem de outro sintoma dela.

Dora contou: *Saio para passear numa cidade que não conheço, vejo ruas e praças que me são desconhecidas.*[1] *Então entro numa casa, em que moro, vou a meu quarto e lá encontro uma carta da mamãe. Ela escreve que, já que saí de casa sem o conhecimento dos pais, não quis me escrever comunicando que o papai estava doente. Agora ele morreu e, se quiseres*[2]*, podes vir. Agora me dirijo à estação ferroviária e pergunto umas cem vezes: "Onde é a estação?". Sempre recebo esta resposta: "Cinco minutos". Vejo então diante de mim um bosque cerrado, no qual entro, e lá pergunto a um homem que encontro. Ele me diz: "Mais duas horas e meia".*[3] *Ele se oferece para me acompanhar. Recuso e vou sozinha. Vejo a estação ferroviária diante de mim e não consigo alcançá-la.*

---

1. A propósito disso, o importante complemento: *Numa das praças, vejo um monumento.*
2. Acerca disso, o complemento: *Depois dessa palavra havia um ponto de interrogação: Se quiseres?*
3. Numa segunda vez, ela repete: *Duas horas.*

III. O segundo sonho

Nisso há o costumeiro sentimento de angústia de quando não conseguimos ir adiante no sonho. Então estou em casa, nesse meio-tempo devo ter viajado, mas nada sei a respeito. – Entro na guarita do porteiro e pergunto-lhe por nosso apartamento. A empregada abre a porta para mim e responde: "A mamãe e os outros já estão no cemitério".[4]

A interpretação desse sonho não ocorreu sem dificuldades. Devido às circunstâncias peculiares sob as quais interrompemos o tratamento, ligadas ao conteúdo desse sonho, nem tudo foi esclarecido, e a isso ainda se liga o fato de minha memória não ter conservado a sequência das deduções com a mesma segurança em todos os pontos. Antecipo ainda qual era o tema submetido à análise em desenvolvimento quando o sonho se imiscuiu. Havia algum tempo, a própria Dora levantava questões sobre o nexo de seus atos com os motivos que se podia supor. Uma dessas questões era: "Por que ainda me calei a respeito nos primeiros dias após a cena junto ao lago?". A segunda: "Por que então contei repentinamente a meus pais sobre isso?". Eu ainda achava absolutamente necessário explicar o fato de ela ter se sentido tão gravemente ofendida pelo cortejo de K., sobretudo porque comecei a compreender que cortejar Dora tampouco significara para o sr. K. uma leviana tentativa de sedução. Interpretei o fato de ela colocar os pais a par do incidente como um ato que já se encontrava sob

---

4. Acerca disso, dois complementos na sessão seguinte: *Vejo-me subir a escada com especial nitidez*, e: *Após sua resposta, vou, mas nem um pouco triste, a meu quarto e leio um grande livro que se encontra sobre a escrivaninha*.

a influência de um rancor doentio. Acho que uma moça normal dá conta de tais assuntos sozinha.

Assim sendo, apresentarei o material que surgiu por ocasião da análise desse sonho na ordem bastante variada que se verifica em minha reprodução.

Ela vagueia sozinha numa cidade estranha, vê ruas e praças. Ela garante que com certeza não era B., cidade que primeiro conjecturei, mas uma cidade na qual nunca estivera. Era natural prosseguir: "A senhorita pode, afinal, ter visto quadros ou fotografias das quais tomou as imagens oníricas". Após essa observação, aparece a complementação do monumento numa praça e então, de imediato, o conhecimento da fonte. Por ocasião dos festejos natalinos, ela ganhara um álbum com vistas citadinas de uma estação de águas alemã, procurando-o justamente no dia anterior para mostrá-lo a parentes que os visitavam. Ele estava numa caixa de fotografias que não foi logo encontrada, e ela perguntou à mãe: *Onde está a caixa?*[5] Uma das fotografias mostrava uma praça com um monumento. Mas o presenteador fora um jovem engenheiro com quem Dora travara conhecimento superficial certa vez na cidade da fábrica. O jovem assumira um posto na Alemanha para se tornar independente mais rápido, aproveitava qualquer oportunidade para se fazer lembrar e era fácil adivinhar que pretendia, a seu tempo, quando sua posição tivesse melhorado, apresentar-se com uma proposta a Dora. Mas isso ainda requeria tempo, e cabia esperar.

---

5. No sonho ela pergunta: *Onde é a estação?* Dessa aproximação, extraí uma conclusão que desenvolverei mais adiante.

III. O segundo sonho

O vaguear por uma cidade estranha era superdeterminado. Ele levou a um dos ensejos diurnos. Por ocasião das festas, viera visitá-los um jovem primo a quem ela agora tinha de mostrar a cidade de Viena. No entanto, esse ensejo diurno era extremamente indiferente. Mas o primo a lembrou de uma primeira e breve estadia em Dresden. Nessa ocasião, ela perambulou como estrangeira e naturalmente não se esqueceu de visitar a famosa galeria. Um outro primo que estava com eles e conhecia Dresden quis fazer as vezes de guia na galeria. *Mas ela o rechaçou e foi sozinha*, detendo-se diante dos quadros que a agradavam. Diante da Sistina[6], ela se demorou por *duas horas* em admiração silenciosa e sonhadora. À pergunta sobre o que tanto a agradara no quadro, ela não soube responder nada claro. Por fim, disse: "A madona".

Ora, é certo que essas ocorrências realmente pertencem ao material formador do sonho. Elas incluem componentes que encontramos inalterados no conteúdo onírico (ela o rechaçou e foi sozinha – duas horas). Logo observo que "imagens" corresponde a um ponto nodal no tecido dos pensamentos oníricos (as imagens do álbum – as imagens em Dresden). Também gostaria de selecionar o tema da *madona*, da mãe virginal, para uma investigação adicional. Sobretudo, porém, vejo que nessa primeira metade do sonho ela se identifica com um homem jovem. Ele perambula pelo estrangeiro, esforça-se por alcançar uma meta, mas é retido, precisa de paciência, tem de esperar. Se nisso ela pensasse no

---

6. *Madona Sistina*, quadro de Rafael (1483-1520). (N.T.)

engenheiro, estaria correto que essa meta fosse a posse de uma mulher, de sua própria pessoa. Em vez disso, era uma... estação ferroviária, no lugar da qual, no entanto, podemos colocar uma *caixa*, conforme as relações da pergunta do sonho com a pergunta realmente feita. Uma caixa e uma mulher, isso já combina melhor.[7]

Ela pergunta umas cem vezes... Isso leva a uma outra motivação menos indiferente do sonho. Ontem à noite, depois da festa, o pai lhe pedira para buscar-lhe o conhaque; ele não dorme se não tiver tomado conhaque antes. Ela pediu a chave da despensa à mãe, mas ela estava enredada numa conversa e não lhe deu resposta até Dora soltar com exagero impaciente: "Já te perguntei *cem vezes* onde está a chave". Na realidade, ela naturalmente apenas repetira a pergunta umas *cinco vezes*.[8]

Onde está a chave? parece-me ser a contraparte masculina à questão: Onde está a caixa? (ver o primeiro sonho, p. 115). Portanto, são perguntas... relativas aos genitais.

Na mesma reunião de parentes alguém fizera um brinde ao pai expressando seus votos de que ele ainda tivesse boa saúde por muito tempo etc. Nisso, o rosto cansado do pai estremecera de maneira bastante peculiar e

---

7. Pois *Schachtel*, "caixa", também é um termo (pejorativo) para "mulher". (N.T.)
8. No conteúdo onírico, o algarismo cinco encontra-se na indicação de tempo: cinco minutos. Em meu livro sobre a interpretação dos sonhos mostrei em vários exemplos como os algarismos que aparecem nos pensamentos oníricos são tratados pelo sonho; nós os encontramos com frequência arrancados de suas relações e entretecidos em novos contextos.

III. O segundo sonho

ela compreendera que pensamentos ele tinha de reprimir. Pobre homem doente! Quem poderia saber quanto tempo de vida ainda teria.

Assim chegamos ao *conteúdo da carta* no sonho. O pai falecera, ela se afastara de casa por conta própria. A propósito da carta no sonho, lembrei-a de imediato da carta de despedida que escrevera, ou pelo menos esboçara, aos pais. Essa carta fora destinada a apavorar o pai para que ele deixasse a sra. K., ou pelo menos para se vingar dele caso não fosse possível levá-lo a isso. Encontramo-nos no tema da morte dela e da morte de seu pai (o *cemitério* que aparece mais adiante no sonho). Estaremos enganados se supormos que a situação que forma a fachada do sonho corresponde a uma fantasia de vingança contra o pai? Os pensamentos compassivos do dia anterior se harmonizariam bem com isso. Mas o teor da fantasia era: ela se afasta de casa rumo ao estrangeiro e o coração do pai se parte de aflição e de saudade dela. Então ela estaria vingada. Afinal, ela compreendia muito bem o que faltava ao pai, que agora não podia dormir sem conhaque.[9]

Queremos deixar registrado, para uma síntese posterior dos pensamentos oníricos, o novo elemento da *sede de vingança*.

---

9. A satisfação sexual é sem dúvida o melhor sonífero, assim como a insônia é na maioria das vezes a consequência da insatisfação. O pai não dormia porque lhe faltava a relação com a mulher amada. Ver, a propósito, o que se segue mais adiante: "Não posso contar com minha mulher".

O conteúdo da carta, porém, tinha de admitir uma determinação adicional. De onde provinha o acréscimo "*Se quiseres*"?

Então lhe ocorreu o complemento de que depois da palavra "quiseres" havia um ponto de interrogação, e com isso ela também reconheceu essas palavras como citação da carta da sra. K. que contivera o convite a L. (junto ao lago). De maneira bastante chamativa, constava nessa carta, após a interpolação "se quiseres vir", um ponto de interrogação no meio da estrutura da frase.

Assim estaríamos outra vez na cena junto ao lago e nos enigmas a ela ligados. Pedi a ela que me contasse essa cena detalhadamente. De início, ela não trouxe muitas coisas novas. O sr. K. fizera uma introdução em certa medida séria; mas ela não o deixou terminar. Tão logo compreendera do que se tratava, bateu na cara dele e saiu correndo. Eu quis saber que palavras ele usou; ela se recorda apenas da fundamentação dele: "Sabes que não posso contar com minha mulher".[10] Então, para não mais topar com ele, ela quis fazer a pé o caminho até L. em volta do lago e *perguntou a um homem a quem encontrou qual era a distância a percorrer*. À sua resposta, *duas horas e meia*, desistiu desse propósito e procurou o barco, que partiu logo depois. O sr. K. estava outra vez ali, aproximou-se dela, pediu-lhe para desculpá-lo e não contar nada do incidente. Mas ela não deu resposta. – Sim, o *bosque* do sonho era muito parecido com o bosque às margens do lago, onde se passara a cena que acabou de ser descrita outra vez. Porém, no dia anterior

---

10. Essas palavras levarão à solução de um de nossos enigmas.

III. O segundo sonho

ela vira exatamente o mesmo bosque cerrado numa pintura da exposição da *Sezession*.[11] No segundo plano do quadro viam-se *ninfas*.[12]

Agora uma de minhas suspeitas se transformou em certeza. *Estação ferroviária* [*Bahnhof*][13] e *cemitério* [*Friedhof*] no lugar dos genitais femininos era bastante chamativo, mas dirigiu minha atenção aguçada a uma palavra de formação semelhante, *vestíbulo* [*Vorhof*], um termo anatômico para certa região dos genitais femininos. Mas isso poderia ser um erro galhofeiro. Bem, como houve o acréscimo das "ninfas", vistas no segundo plano do "bosque cerrado", não havia mais lugar para dúvidas. Isso era geografia sexual simbólica! São chamadas de ninfas, como sabe o médico mas não o leigo – e a denominação, aliás, nem é muito usada pelo primeiro –, os pequenos lábios ao fundo do "bosque cerrado" de pelos pubianos. No entanto, quem usa tais nomes técnicos como "vestíbulo" e "ninfas" deve ter tirado seu conhecimento de livros, e não de livros populares, mas de manuais de anatomia ou de uma enciclopédia, o refúgio habitual da juventude consumida pela curiosidade sexual. Portanto, se essa interpretação estava correta, ocultava-se por trás da primeira situação do sonho uma fantasia de

---

11. Ou *Wiener Secession* (Secessão vienense), grupo de artistas fundado no final do século XIX. (N.T.)

12. Aqui, pela terceira vez: quadro (as vistas citadinas, a galeria de Dresden), mas numa conexão muito mais significativa. Devido àquilo que vemos no quadro [*Bild*], ele se transforma numa *mulher* [*Weibsbild*] (bosque, ninfas).

13. Aliás, a "estação ferroviária" também serve ao "tráfego" [*Verkehr*, termo que também significa "relações" (sexuais)]. É o revestimento psíquico de muitas fobias de trem.

defloração em que um homem se esforça por penetrar nos genitais femininos.[14]

Comuniquei a Dora minhas conclusões. A impressão deve ter sido concludente, pois logo se seguiu um pedacinho esquecido do sonho: *o fato de ela ir calmamente*[15] *a seu quarto e ler um livro grande que se encontra sobre a escrivaninha*. A ênfase está aqui nestes dois detalhes: "calmamente" e "grande", no caso do livro. Perguntei se ele tinha formato de enciclopédia. Ela confirmou. Só que as crianças jamais leem *calmamente* sobre matérias proibidas na enciclopédia. Elas tremem e sentem medo ao fazê-lo, olhando receosamente em torno para ver se alguém se aproxima. Os pais atrapalham bastante tais leituras. No entanto, a força realizadora de desejos do sonho melhorou de maneira radical a situação desagradável. O pai estava morto e os outros já tinham

---

14. A fantasia de defloração é o segundo componente dessa situação. O destaque dado à dificuldade de ir adiante e a angústia sentida no sonho apontam para a virgindade, ressaltada de bom grado, que encontramos aludida em outro ponto pela "Sistina". Esses pensamentos sexuais fornecem um fundo inconsciente para os desejos, talvez meramente mantidos em segredo, que se ocupam do pretendente que espera na Alemanha. Ficamos conhecendo a fantasia de vingança como primeiro componente da mesma situação onírica, e ambos não se correspondem inteiramente, mas apenas de forma parcial; encontraremos mais adiante as marcas de um terceiro curso de pensamentos, ainda mais significativo.

15. Noutra ocasião, em lugar de "calmamente" ela dissera "nem um pouco triste" (p. 151, nota 4). Posso aproveitar esse sonho como uma nova prova da correção de uma das teses contidas na *Interpretação dos sonhos* (capítulo VII, seção A), segundo a qual as partes do sonho de início esquecidas e posteriormente recordadas são sempre as mais importantes para a sua compreensão. Nessa obra, extraio a conclusão de que também o esquecimento dos sonhos exige ser explicado por resistência intrapsíquica.

III. O segundo sonho

ido ao cemitério. Ela podia ler calmamente o que quisesse. Não significaria isso que uma de suas razões para vingança também era a rebelião contra a coerção dos pais? Se o pai estivesse morto, ela poderia ler ou amar como quisesse. De início, ela não queria recordar que alguma vez tivesse consultado a enciclopédia; depois, admitiu que tal lembrança emergia nela, embora seu conteúdo fosse inofensivo. Na época em que a querida tia estivera tão gravemente doente e a viagem a Viena já estava decidida, chegou uma *carta* de um outro tio dizendo que não poderiam viajar a Viena; um dos filhos dele – um dos primos de Dora, portanto – , fora perigosamente acometido por uma apendicite. Na ocasião, ela consultou a enciclopédia para verificar quais eram os sintomas de uma apendicite. Do que lera, ela ainda se lembra da dor caracteristicamente localizada no ventre.

Então recordei que pouco depois da morte da tia ela teve em Viena uma suposta apendicite. Até então, eu não me atrevera a incluir esse adoecimento entre seus feitos histéricos. Ela contou que tivera febre alta nos primeiros dias e sentira no baixo-ventre a mesma dor sobre a qual lera na enciclopédia. Recebera compressas frias, mas não as suportara; no segundo dia, em meio a fortes dores, viera sua menstruação, bastante irregular desde seu adoecimento. Nessa época, padecera constantemente de prisão de ventre.

Não era muito razoável apreender esse estado como puramente histérico. Ainda que a febre histérica se apresente de maneira indubitável, parecia arbitrário relacionar com histeria a febre desse adoecimento questionável em vez de relacioná-la com uma causa orgânica então atuante. Eu pretendia abandonar essa pista quando a própria Dora prestou sua ajuda ao trazer o último complemento ao sonho: *ela via a si mesma subindo a escada de maneira especialmente nítida.*

É claro que exigi uma determinação especial para isso. Pude rejeitar facilmente a objeção de Dora, provavelmente não dita a sério, de que afinal tinha de subir a escada se quisesse chegar a seu apartamento situado no andar de cima, ao observar que se no sonho ela podia viajar da cidade desconhecida para Viena e, nisso, omitir a viagem de trem, também poderia ignorar os degraus da escada no sonho. Então ela prosseguiu: depois da apendicite, tivera problemas para caminhar porque arrastava o pé direito. Essa situação persistira dessa forma por muito tempo, e por isso ela evitara as escadas de maneira particular. Ainda agora o pé ficava às vezes para trás. Os médicos que consultara a pedido do pai ficaram muito admirados com essa sequela bastante incomum de apendicite, em especial porque a dor no ventre não retornara e de forma alguma acompanhava o arrastar do pé.[16]

Tratava-se, portanto, de um autêntico sintoma histérico. Ainda que na época a febre pudesse ter sido organicamente condicionada – talvez por um dos tão frequentes adoecimentos gripais sem localização especial –, era no entanto certo que a neurose se apoderara do acaso a fim de

---

16. Entre a dor no abdômen chamada de "ovarialgia" e a perturbação do caminhar na perna do mesmo lado cabe supor um nexo somático que aqui, no caso de Dora, experimenta uma interpretação particularmente especializada, isto é, sobreposição e aproveitamento psíquicos. Ver a observação análoga por ocasião da análise do sintoma da tosse e da conexão entre o catarro e a falta de apetite (p. 136-8).

III. O segundo sonho

aproveitá-lo para uma de suas manifestações. Assim, ela arranjara para si uma doença sobre a qual lera na enciclopédia, castigara-se por essa leitura e dizia a si mesma que era impossível o castigo se referir à leitura do inofensivo artigo, mas que surgira por meio de um deslocamento, depois que a essa leitura se seguira uma outra, mais culpada, que hoje se ocultava na memória por trás da leitura inofensiva contemporânea.[17] Talvez ainda fosse possível investigar sobre que temas ela lera na ocasião.

Pois o que significava o estado que pretendia imitar uma peritiflite? A sequela da afecção, o coxear, que de forma alguma condizia com uma peritiflite, tinha de se acomodar melhor ao significado secreto, talvez sexual, do quadro clínico, e poderia, por sua parte, se esclarecido, lançar uma luz sobre o significado buscado. Tentei achar um acesso a esse enigma. No sonho haviam aparecido indicações de tempo; o tempo é de fato uma coisa nada indiferente em todos os eventos biológicos. Assim, perguntei quando acontecera essa apendicite, se antes ou depois da cena do lago. A pronta resposta, que resolvia de um golpe todas as dificuldades, foi esta: nove meses depois. Esse prazo é bem característico. A suposta apendicite realizara, portanto, a fantasia de um *parto* com os modestos meios à disposição da paciente, as dores e o sangramento menstrual.[18] Ela na-

---

17. Um exemplo bastante típico do surgimento de sintomas a partir de motivos que aparentemente nada têm a ver com o sexual.
18. Já aludi ao fato de a maioria dos sintomas histéricos, ao alcançar seu completo desenvolvimento, figurarem uma situação fantasiada da vida sexual, ou seja, uma cena de relação sexual, uma gravidez, um parto, o puerpério etc.

turalmente conhecia o significado desse prazo e não pôde contestar a probabilidade de que na época lera na enciclopédia acerca de gravidez e parto. Mas e a perna que ela arrastava? Eu podia agora tentar uma conjectura. É assim que a pessoa anda quanto torceu o pé. Portanto, ela dera um "passo em falso", com toda certeza, se podia dar à luz nove meses após a cena do lago. Eu apenas tinha de fazer mais uma exigência. Só se pode – segundo minha convicção – contrair tais sintomas quando se tem para eles um modelo *infantil*. As lembranças que se tem de impressões de tempo posterior, como tenho de insistir com rigor de acordo com as experiências por mim realizadas até aqui, não têm força para se impor como sintomas. Eu quase não ousava esperar que Dora me fornecesse o material desejado da época da infância, pois na realidade ainda não posso estabelecer de forma universal a tese acima, na qual acreditaria de bom grado. Mas aqui a confirmação veio *de imediato*. Sim, quando criança ela torcera certa vez o mesmo pé ao *descer* a *escada* e escorregar num degrau em B.; o pé, que era inclusive o mesmo que ela arrastaria mais tarde, inchou, precisou ser enfaixado e ela ficou em repouso por algumas semanas. Isso foi pouco antes da asma nervosa no oitavo ano de vida.

    Agora cabia aproveitar a demonstração dessa fantasia: "Se a senhorita teve um parto nove meses após a cena do lago e se até hoje lida com as consequências do passo em falso, isso prova que no inconsciente a senhorita lamenta o desfecho da cena. Assim, esse desfecho é corrigido no pensamento inconsciente. O pressuposto dessa fantasia de

III. O segundo sonho

parto, afinal, é o fato de na época ter acontecido algo[19], de na época a senhorita ter vivido e experimentado tudo o que mais tarde teve de tomar da enciclopédia. A senhorita vê que seu amor pelo sr. K. não terminara com aquela cena, que ele prossegue, como afirmei – embora inconsciente –, até o dia de hoje". – Ela não contradisse mais isso.[20]

19. A fantasia de defloração encontra assim sua aplicação ao sr. K., e fica claro por que a mesma região do conteúdo onírico contém material da cena do lago. (Recusa, duas horas e meia, o bosque, o convite a L.)

20. Alguns complementos às interpretações até aqui feitas: a "madona" é evidentemente ela mesma, em primeiro lugar por causa do "adorador" que lhe mandou as fotos, em segundo lugar porque conquistara o amor do sr. K. sobretudo graças a seu comportamento maternal em relação aos filhos dele e, por fim, porque embora virgem já tivera um filho, numa alusão direta à fantasia de parto. De resto, a "madona" é uma contrarrepresentação apreciada quando uma moça se encontra sob a pressão de acusações sexuais, o que afinal também é exato no caso de Dora. Obtive a primeira noção desse nexo como médico da clínica psiquiátrica num caso de confusão alucinatória de rápido transcurso, que se revelou como reação a uma recriminação do noivo.

O anseio maternal por uma criança, caso a análise prosseguisse, poderia provavelmente ter sido descoberto como o motivo obscuro mas poderoso do agir dela. – As muitas questões que ela levantara nos últimos tempos aparecem como derivados tardios das questões de curiosidade sexual que ela buscara satisfazer na enciclopédia. Cabe supor que lera sobre gravidez, parto, virgindade e temas parecidos. – Uma das perguntas que cabe inserir no contexto da segunda situação onírica fora esquecida por ela na reprodução do sonho. Só podia ser esta: "É aqui que mora o sr. ***?", ou: "Onde mora o sr. ***?". Deve haver uma razão para ela ter esquecido essa pergunta aparentemente inofensiva depois de tê-la acolhido no sonho. Encontro essa razão no próprio sobrenome, que ao mesmo tempo é uma designação de objeto, e, mais exatamente, uma designação múltipla, podendo assim ser equiparado a uma palavra *ambígua*. Infelizmente, não posso comunicar esse nome para mostrar com que habilidade foi empregado para designar "coisas ambíguas" e "coisas (continua)

Esses trabalhos para o esclarecimento do segundo sonho tinham exigido duas consultas. Quando, após o fim da segunda sessão, expressei minha satisfação com o que fora alcançado, ela respondeu com desdém: "O que saiu de mais disso, afinal?", preparando-me assim para a iminência de mais revelações.

Ela começou a terceira sessão com estas palavras:
– O senhor sabe, senhor doutor, que hoje é minha última vez aqui?
– Não posso saber, já que a senhorita nada me disse a respeito.
– Sim, eu me propus a aguentar até o ano-novo[21]; não quero esperar mais que isso pela cura.
– A senhorita sabe que tem a liberdade de sair a qualquer momento. Mas hoje ainda vamos trabalhar. Quando foi que a senhorita tomou a decisão?
– Há catorze dias, creio.
– Mas isso soa como o aviso prévio de catorze dias de uma empregada, de uma governanta.

(cont.) indecentes". Apoia essa interpretação o fato de, em outra região do sonho, onde o material provém das lembranças da morte da tia, também encontrarmos na frase "Eles já foram ao cemitério" uma alusão verbal ao *nome* da tia. Nessas palavras indecorosas haveria por certo a indicação de uma segunda fonte, *oral*, visto que para elas o dicionário não basta. Eu não ficaria espantado de ouvir que a própria sra. K., a caluniadora, era essa fonte. Então Dora teria nobremente poupado justo ela, enquanto perseguia as outras pessoas com uma vingança quase pérfida; por trás da série quase inabarcável de deslocamentos que assim se produziram, poderíamos supor um fator simples: o amor homossexual profundamente enraizado pela sra. K.

21. Era 31 de dezembro.

III. O segundo sonho

– Na casa dos K., quando os visitei no lago em L., também havia uma governanta que deu aviso prévio.
– Ah, é? A senhorita jamais falou dela. Fale, por favor.
– Havia, pois, uma mocinha na casa que era governanta das crianças e mostrava um comportamento bastante estranho em relação ao sr. K. Ela não o cumprimentava, não lhe dava respostas, não lhe alcançava nada na mesa quando ele pedia algo; em suma, tratava-o como um nada. Aliás, ele não era muito mais cortês em relação a ela. Um ou dois dias antes da cena do lago a moça me puxou para o lado; ela tinha algo a me dizer. Contou-me então que o sr. K., num período em que a mulher estivera justamente ausente por várias semanas, se aproximara dela, fizera-lhe muitos galanteios e lhe pedira para ser prestativa; ele não podia contar com sua mulher etc.
– Mas essas são as mesmas palavras que ele usou ao cortejá-la, quando a senhorita lhe deu a bofetada na cara.
– Sim. Ela cedeu, mas depois de pouco tempo ele não se importava mais com ela e ela o odiava desde então.
– E essa governanta deu aviso prévio?
– Não, ela queria dar. Ela me disse que logo que se sentiu abandonada comunicou o incidente aos pais, que são pessoas honestas e moram em algum lugar na Alemanha. Os pais exigiram que deixasse a casa imediatamente, escrevendo-lhe então, quando não o fez, que não queriam mais saber dela, que ela não precisava mais voltar para casa.
– E por que ela não foi embora?
– Ela disse que ainda queria esperar um tempinho para ver se nada mudava no sr. K. Ela não aguentava viver

desse jeito. Se não visse nenhuma mudança, daria aviso prévio e iria embora.

– E o que foi feito da moça?

– Sei apenas que foi embora.

– Ela não levou um filho da aventura?

– Não.

E assim – como aliás ocorre de maneira bem regular – viera à luz no meio da análise um fragmento de material factual que ajudou a solucionar problemas levantados anteriormente. Pude dizer a Dora:

– Agora conheço o motivo daquela bofetada com que a senhorita respondeu ao galanteio. Não era ofensa devido à proposta que lhe era feita, mas vingança ciumenta. Quando a moça lhe contou sua história, a senhorita ainda fez uso de sua arte de eliminar tudo o que não servia a seus sentimentos. No momento em que o sr. K. usou as palavras: "Não posso contar com minha mulher", que também dissera à governanta, novos sentimentos despertaram na senhorita e o prato da balança pendeu. A senhorita disse a si mesma: "Ele ousa me tratar como uma governanta, uma serviçal?". Essa ofensa ao orgulho somada ao ciúme e aos motivos ponderados conscientes: isso era, por fim, demais.[22] Como prova do quanto a senhorita se encontra sob a impressão da história da governanta, indico-lhe as identificações repetidas com ela no sonho e em seu comportamento. A senhorita conta tudo a seus pais, o que até aqui não tínhamos compreendido, tal

---

22. Talvez não fosse indiferente a possibilidade de ela também ter ouvido do pai a mesma queixa sobre a mulher, cujo significado ela decerto compreendia, tal como a ouvi da boca dele.

III. O segundo sonho

como a governanta escreveu aos pais. A senhorita anuncia sua partida para mim como o faz uma governanta, com aviso prévio de catorze dias. A carta no sonho, que lhe dá permissão de voltar para casa, é uma contraparte da carta dos pais da governanta, que a proibiram de fazê-lo.

– Mas por que então não contei tudo logo a meus pais?

– Quanto tempo a senhorita deixou passar?

– A cena aconteceu no último dia de junho; contei tudo a minha mãe no dia 14 de julho.

– Ou seja, outra vez catorze dias, o prazo característico de uma empregada! Agora posso responder à sua pergunta. A senhorita compreendeu muito bem a pobre moça. Ela não queria partir logo porque ainda tinha esperança, porque esperava que o sr. K. lhe dirigisse sua ternura outra vez. Esse também deve ter sido o motivo da senhorita. A senhorita esperou transcorrer o prazo para ver se ele renovaria seu cortejo, do que a senhorita concluiria que ele falava a sério e que não queria só brincar, como fez com a governanta.

– Nos primeiros dias após a partida ele ainda mandou um cartão-postal.[23]

– Sim, mas quando então não veio mais nada, a senhorita deixou sua vingança correr solta. Posso até imaginar que na época ainda havia espaço para a intenção secundária de levá-lo, por meio da acusação, a viajar até onde a senhorita estava.

– ...O que ele também chegou a nos propor de início – interpôs ela.

---

23. Esse é o ponto de apoio para o engenheiro, que se oculta por trás do eu na primeira situação onírica.

— Então sua saudade dele estaria saciada — aqui ela moveu a cabeça confirmando, o que eu não teria esperado — e ele teria podido dar-lhe a satisfação que a senhorita exigia.

— Que satisfação?

— É que começo a suspeitar que a senhorita tomou o assunto com o sr. K. muito mais a sério do que quis revelar até aqui. Os K. não falavam frequentemente de separação?

— Sem dúvida; de início ela não queria por causa dos filhos, e agora ela quer, mas ele não quer mais.

— Não teria a senhorita pensado que ele pretendia separar-se da esposa para casar com a senhorita? E que agora ele não quer mais porque não tem uma substituta? Com certeza a senhorita era muito jovem dois anos atrás, mas a senhorita mesma me contou que sua mãe noivou com dezessete anos e então esperou dois anos pelo marido. A história amorosa da mãe costuma tornar-se o modelo para a filha. Assim, a senhorita também queria esperar por ele e supôs que ele estava apenas esperando até que a senhorita estivesse madura o suficiente para tornar-se sua esposa.[24] Imagino que esse era um plano de vida bastante sério para a senhorita. A senhorita não tem sequer o direito de afirmar que o sr. K. não tivesse tal intenção, e me contou sobre ele bastante coisas que apontam diretamente para tal intenção.[25] O comportamento dele em L. tampouco contradiz isso. Afinal, a senhorita não o deixou terminar e não sabe o

---

24. A espera até alcançar a meta encontra-se no conteúdo da primeira situação onírica; nessa fantasia da espera pela noiva vejo uma parte do terceiro componente, já anunciado, desse sonho.

25. Especialmente uma fala dele que, no último ano da convivência em B., acompanhara o presente natalino de uma caixa para cartas.

III. O segundo sonho

que ele queria lhe dizer. Além disso, não teria sido tão impossível executar o plano. As relações de seu pai com a sra. K., que provavelmente só por isso a senhorita apoiou por tanto tempo, davam-lhe a segurança de que seria possível obter o consentimento dela para a separação, e a seu pai a senhorita impõe o que quiser. Sim, se a tentação em L. tivesse tido outro desfecho, essa teria sido a única solução possível para todas as partes. Também penso que foi por isso que a senhorita lamentou tanto o outro desfecho e o corrigiu na fantasia, que surgiu como apendicite. Assim, deve ter sido uma grave desilusão para a senhorita quando o resultado da sua acusação, em vez de um novo cortejo, foram a negativa e as injúrias da parte do sr. K. A senhorita admite que nada pode enfurecê-la tanto quanto alguém acreditar que a cena do lago foi coisa da sua imaginação. Agora sei do que a senhorita não quer ser lembrada: do fato de ter imaginado que o cortejo era sério e que o sr. K. não desistiria até que a senhorita tivesse casado com ele.

Diferentemente do habitual, ela ouviu sem contradizer. Parecia abalada, despediu-se da maneira mais amável com calorosos votos de ano-novo e... não voltou mais. O pai, que ainda me visitou algumas vezes, assegurou que ela voltaria; notava-se nela, disse, a ânsia por continuar o tratamento. Mas ele provavelmente nunca foi de todo sincero. Ele apoiara o tratamento enquanto pudera nutrir esperanças de que eu "dissuadisse" Dora de que havia algo mais que amizade entre ele e a sra. K. Seu interesse se extinguiu quando percebeu que esse resultado não estava entre meus propósitos. Eu sabia que ela não voltaria. Foi um ato indubitável de vingança que ela, quando minhas expectativas de um encerramento feliz atingiam o nível mais elevado, interrompesse o tratamento de maneira tão inesperada e aniquilasse essas esperanças. A tendência dela a prejudicar a si mesma também encontrou sua satisfação nesse proceder. Quem, como eu, desperta, para combatê-los, os mais maléficos demônios que, imperfeitamente domados, habitam um peito humano, tem de estar preparado para o fato de ele próprio não sair ileso dessa luta. Teria eu conservado a moça no tratamento se eu mesmo me encontrasse num papel, se tivesse exagerado para mim o valor da permanência dela e lhe testemunhado um caloroso interesse que, apesar de toda a atenuação devido à minha posição de médico, tivesse no entanto resultado como um substituto para a ternura pela qual ela ansiava? Não sei. Visto que parte dos fatores que se opõem como resistência permanece desconhecida em cada caso, sempre evitei representar papéis e me satisfiz com a arte psicológica mais despretensiosa. Apesar de todo o interesse teórico e de todo o empenho médico em ajudar, admoesto-me a colocar os necessários limites à influência psíquica e respeito como tais também a vontade e a compreensão do paciente.

Também não sei se o sr. K. teria alcançado mais caso lhe fosse revelado que aquela bofetada na cara não significava de forma alguma um "não" definitivo de Dora, mas correspondia ao ciúme recentemente despertado, enquanto as mais fortes moções da vida psíquica dela ainda tomavam partido em favor dele. Se ele tivesse ignorado esse primeiro

III. O segundo sonho

"não" e continuado sua corte com paixão persuasiva, facilmente a inclinação da moça teria ignorado todas as dificuldades interiores. Mas acho que talvez, com a mesma facilidade, ela apenas teria sido incitada a satisfazer com força tanto maior sua sede de vingança contra ele. Jamais se consegue calcular para que lado, na disputa dos motivos, tenderá a decisão, se para a eliminação ou para o reforço do recalcamento. A incapacidade para satisfazer a exigência amorosa *real* é um dos traços de caráter mais essenciais da neurose; os doentes são dominados pela oposição entre a realidade e a fantasia. Ao se depararem na realidade com o que mais anseiam em suas fantasias, fogem disso, abandonando-se a elas com o maior gosto quando não precisam mais temer uma realização. A barreira erigida pelo recalcamento pode no entanto cair sob as investidas de excitações violentas, motivadas de modo real; a neurose ainda pode ser superada pela realidade. Porém, não podemos calcular de modo geral em quem e mediante o que essa cura seria possível.[26]

---

26. Mais algumas observações sobre a construção desse sonho, que não se deixa compreender tão a fundo a ponto de podermos tentar sua síntese. Pode-se destacar a fantasia de vingança contra o pai como um fragmento anteposto qual uma fachada: ela saiu de casa por conta própria; o pai adoeceu e então faleceu... Em seguida ela vai para casa, os outros já estão todos no cemitério. Ela vai a seu quarto, nem um pouco triste, e lê calmamente a enciclopédia. Em meio a isso, duas alusões ao outro ato de vingança que ela realmente praticou ao deixar os pais encontrarem uma carta de despedida: a carta (no sonho mandada pela mãe) e a menção ao enterro da tia, modelar para ela. – Por trás dessa fantasia ocultam-se os pensamentos de vingança contra o sr. K., para os quais achou uma saída em seu comportamento em relação a mim. A empregada, o convite, o bosque e as duas horas e meia provêm do (continua)

FRAGMENTO DE UMA ANÁLISE DE HISTERIA

(cont.) material dos acontecimentos em L. A lembrança da governanta e de sua correspondência com os pais se une ao elemento da carta de despedida de Dora e forma a carta encontrada no conteúdo onírico que a autoriza a voltar para casa. A recusa a se deixar acompanhar, a decisão de ir sozinha, pode ser assim traduzida: "Porque me trataste como uma empregada, deixo-te plantado, sigo sozinha meus caminhos e não me caso". – Encoberto por esses pensamentos de vingança, transparece em outros pontos um material composto por fantasias ternas oriundas do amor inconscientemente continuado pelo sr. K.: "Eu teria esperado por ti até ter me tornado tua esposa", a defloração, o parto. – Por fim, pertence ao quarto círculo de pensamentos, o mais profundamente oculto – o do amor à sra. K. –, o fato de a fantasia de defloração ser figurada do ponto de vista do homem (identificação com o adorador, que agora se encontra no estrangeiro) e que dois pontos contenham as mais nítidas alusões a falas ambíguas ("É aqui que mora o sr. ***?") e à fonte não oral dos conhecimentos sexuais dela (enciclopédia). Moções cruéis e sádicas encontram sua satisfação nesse sonho.

IV
Posfácio

É verdade que anunciei esta comunicação como fragmento de uma análise; no entanto, haverá quem a tenha achado incompleta numa extensão muito maior do que seria de esperar conforme esse seu título. Convém que eu tente apresentar os motivos dessas omissões, que de forma alguma são casuais.

Uma série de resultados da análise ficou de fora, em parte porque não haviam sido discernidos com certeza suficiente quando o trabalho foi interrompido, em parte por carecerem de uma continuação até chegar-se a um resultado geral. Outras vezes, quando me pareceu admissível, indiquei a provável continuação para soluções específicas. Omiti inteiramente aqui a técnica nada óbvia mediante a qual, exclusivamente, se consegue extrair da matéria-prima de ocorrências do paciente o conteúdo puro de valiosos pensamentos inconscientes, ao que se liga a desvantagem de o leitor não poder confirmar a correção de meu procedimento nesse processo expositivo. Porém, achei inteiramente impraticável tratar a um só tempo da técnica de uma análise e da estrutura interna de um caso de histeria; teria sido para mim um feito quase impossível e, para o leitor, uma leitura decerto intragável. A técnica exige uma exposição inteiramente à parte, ilustrada por inúmeros exemplos, tomados dos mais diferentes casos, e que possa abstrair dos resultados encontrados a cada vez. Tampouco tentei fundamentar aqui os pressupostos psicológicos que se denunciam em minhas descrições dos fenômenos psíquicos. Uma fundamentação superficial nada lograria; uma detalhada seria um trabalho independente. Posso apenas assegurar que, sem estar comprometido com algum sistema psicológico determinado, me lancei ao estudo dos fenômenos revelados pela observação dos psiconeuróticos e que então ajustei minhas opiniões até me parecerem adequadas para dar conta do contexto do observado. Não me orgulho de ter evitado a especulação; no entanto, o material para estas hipóteses foi obtido pela mais ampla e mais trabalhosa observação. Em especial, poderá causar escândalo a firmeza de meu ponto de vista na questão do inconsciente, pois opero com representações, cursos de pensamento e moções inconscientes como se fossem objetos da psicologia tão idôneos e indubitáveis quanto tudo o que é consciente; mas estou certo de que quem empreende investigar o mesmo campo de fenômenos com idêntico método não poderá evitar, a despeito de todas as advertências dos filósofos, de se colocar no mesmo ponto de vista.

Aqueles colegas que tomaram minha teoria da histeria por uma teoria puramente psicológica e, por isso, a declararam de antemão incapaz de resolver um problema patológico, por certo depreenderão deste ensaio que sua crítica transfere injustamente à teoria uma característica da técnica. Apenas a técnica terapêutica é puramente psicológica; a teoria não deixa de forma alguma de apontar a base orgânica da neurose, embora não a busque numa alteração anatomopatológica e substitua a alteração química que cabe esperar, atualmente

IV. Posfácio

ainda incompreensível, pelo elemento provisório da função orgânica. Provavelmente ninguém negará à função sexual, na qual vejo tanto a fundamentação da histeria quanto a das psiconeuroses em geral, o caráter de um fator orgânico. Uma teoria da vida sexual não poderá prescindir, segundo imagino, da hipótese de determinadas substâncias sexuais de ação excitadora. Afinal, dentre todos os quadros patológicos que a clínica nos mostra, as intoxicações e abstinências no uso de certas toxinas crônicas se encontram o mais próximo das psiconeuroses genuínas.

No entanto, tampouco desenvolvi neste ensaio o que se pode hoje dizer sobre a "condescendência somática", sobre os germes infantis da perversão, sobre as zonas erógenas e a predisposição à bissexualidade, mas apenas ressaltei as partes em que a análise topa com esses fundamentos orgânicos dos sintomas. Não foi possível fazer mais do que isso a partir de um caso isolado; eu também tinha as mesmas razões expostas acima para evitar uma discussão superficial desses fatores. Este ponto dá um abundante ensejo para trabalhos subsequentes, apoiados num grande número de análises.

Eu quis obter duas coisas com esta publicação a tal ponto incompleta. Em primeiro lugar, como complemento de meu livro sobre a interpretação dos sonhos, mostrar como essa arte, inútil sob outros aspectos, pode ser usada para descobrir coisas ocultas e recalcadas da vida psíquica; na análise dos dois sonhos aqui comunicados também se considerou a técnica de interpretar sonhos, que é semelhante à técnica psicanalítica. Em segundo lugar, eu quis despertar o interesse por uma série de circunstâncias que hoje ainda são inteiramente desconhecidas para a ciência, pois só é possível descobri-las pela aplicação desse procedimento específico. Ninguém conseguiu ter uma ideia acertada da complexidade dos processos psíquicos na histeria, da justaposição das mais distintas moções, da ligação mútua entre opostos, dos recalcamentos e deslocamentos etc. O destaque dado por Janet à *idée fixe* que se converte em sintoma não é nada senão uma esquematização verdadeiramente pobre. Tampouco será possível rechaçar a suspeita de que excitações cujas representações correspondentes carecem da aptidão à consciência atuem de modo diferente umas sobre as outras, transcorram de modo diferente e levem a manifestações diferentes das que chamamos de "normais", cujo conteúdo representacional se torna consciente para nós. Caso as coisas nos estejam claras até esse ponto, não há mais nada atrapalhando a compreensão de uma terapia que cancela sintomas neuróticos ao transformar representações do primeiro tipo em representações normais.

Também me era importante mostrar que a sexualidade não intervém num ponto qualquer do mecanismo dos processos característicos da histeria apenas como um *deus ex machina*[1] que entra uma única vez em cena, mas que ela fornece a força impulsora para cada sintoma particular e para cada manifestação particular de um sintoma. Os sintomas são, por assim dizer, a *atividade sexual dos doentes.*

---

1. Deus (que desce) por uma máquina. Expediente do teatro greco-romano que fazia uma divindade descer à cena mediante um sistema de roldanas a fim de resolver uma situação sem saída; logo, qualquer solução espetacular e inverossímil. (N.T.)

IV. Posfácio

Um único caso jamais será capaz de demonstrar uma tese tão geral, mas só consigo repetir vez após vez, pois jamais encontro algo diferente, que a sexualidade é a chave tanto para o problema das psiconeuroses como para o das neuroses em geral. Quem desdenha essa tese jamais será capaz de abrir portas trancadas. Ainda aguardo pelas investigações que possam anular ou limitar essa tese. O que ouvi até agora contra ela foram manifestações de desagrado pessoal ou de descrença, às quais basta contrapor o dito de Charcot: "*Ça n'empêche pas d'exister*".[2]

O caso de cuja história clínica e de tratamento publiquei aqui um fragmento tampouco é apropriado para colocar o valor da terapia psicanalítica sob a luz correta. Não apenas a brevidade do tempo de tratamento, que mal chegou a três meses, mas também um outro fator, inerente ao caso, impediram a terapia de encerrar-se com a melhora que de outro modo cabe alcançar, que é reconhecida pelo paciente e por seus familiares e se aproxima mais ou menos da cura completa. Tais resultados satisfatórios são atingidos quando os sintomas são mantidos apenas pelo conflito interno entre as moções relativas à sexualidade. Nesses casos, vemos o estado dos doentes melhorar na medida em que, mediante tradução do material patogênico em normal, contribuímos para a solução de suas tarefas psíquicas. Outro é o transcurso quando os sintomas se colocaram a serviço de motivos

---

2. O teor completo da observação de Charcot – uma das citações favoritas de Freud – é este: "*La théorie c'est bon, mais ça n'empêche pas d'exister*" [A teoria é boa, mas isso não impede que algo exista. (N.T.)] (N.E.)

exteriores da vida, como também acontecera com Dora nos últimos dois anos. Ficamos surpreendidos e poderíamos facilmente nos confundir quando vemos que o estado dos doentes não muda de maneira perceptível nem sequer mediante o trabalho já bastante avançado. Na realidade, as coisas não são tão graves; é verdade que os sintomas não desaparecem durante o trabalho, mas por certo um tempo depois dele, quando as relações com o médico se desfizeram. O adiamento da cura ou da melhora é provocado, de fato, apenas pela pessoa do médico.

Preciso me estender um pouco mais para tornar compreensível esse estado de coisas. Durante um tratamento psicanalítico, a formação de novos sintomas é – pode-se por certo dizer: regularmente – suspensa. Porém, a produtividade da neurose não se extinguiu de maneira alguma, mas participa da criação de um tipo especial de formações de pensamento, na maioria inconscientes, às quais podemos dar o nome de *transferências*.

O que são as transferências? São reedições, cópias de moções e fantasias que devem ser despertadas e tornadas conscientes durante o avanço da análise, com uma substituição, característica do gênero, de uma pessoa anterior pela pessoa do médico. Para dizê-lo de outro modo: toda uma série de vivências psíquicas anteriores recobra vida, não como algo passado, mas sob a forma de relação atual com a pessoa do médico. Há transferências tais que não se distinguem em absolutamente nada de seu modelo quanto ao conteúdo, exceto pela substituição. São, portanto, para ficarmos na metáfora, simples reimpressões, reedições

IV. Posfácio

inalteradas. Outras são feitas com maior arte; elas passaram por uma atenuação de seu conteúdo, uma *sublimação*, conforme digo, e podem inclusive se tornar conscientes ao se apoiarem em alguma peculiaridade real, habilidosamente aproveitada, da pessoa ou das condições do médico. Estas são portanto edições revisadas, não mais reimpressões.

Quando nos ocupamos da teoria da técnica analítica, chegamos ao entendimento de que a transferência é algo necessariamente exigido. Pelo menos nos convencemos na prática de não podermos evitá-la por meio de expediente algum e de que temos de combater essa última criação da doença como todas as anteriores. Bem, essa parte do trabalho é de longe a mais difícil. A interpretação de sonhos, a extração de pensamentos e recordações inconscientes das ocorrências do doente e semelhantes artes tradutórias são fáceis de se aprender; o próprio doente sempre fornece o texto para tanto. Apenas a transferência precisa ser desvendada de maneira quase independente, a partir de escassos pontos de apoio e sem incorrer em arbitrariedades. Não há como evitá-la, já que é usada na produção de todos os obstáculos que tornam o material inacessível ao tratamento e já que a sensação de convicção do paciente quanto ao acerto dos nexos construídos só se produz depois da dissolução da transferência.

Haverá quem esteja inclinado a considerar como uma séria desvantagem desse procedimento já por si incômodo o fato de ele aumentar ainda mais o trabalho do médico pela criação de uma nova categoria de produtos psíquicos doentios, e talvez queira até mesmo derivar da existência de transferências um dano causado ao paciente pelo tratamento analítico. Ambas as coisas seriam equivocadas. O trabalho do médico não é aumentado pela transferência; afinal, pode ser-lhe indiferente que precise superar a respectiva moção do doente em ligação com sua pessoa ou com uma outra. Mas, com a transferência, o tratamento tampouco impõe ao doente qualquer tarefa nova que de outro modo ele não teria executado. Se acontecem curas de neuroses também em hospitais psiquiátricos, de onde o tratamento psicanalítico está excluído, se pudermos dizer que a histeria não é curada pelo método e sim pelo médico, se costuma ocorrer uma espécie de dependência cega e acorrentamento permanente do paciente ao médico que o livrou de seus sintomas através de sugestão hipnótica, então cabe ver a explicação científica para tudo isso nas "transferências" que o paciente empreende de modo regular à pessoa do médico. O tratamento psicanalítico não cria a transferência, ele apenas a expõe, tal como faz com outras coisas ocultas na vida psíquica. A diferença se manifesta tão somente no fato de o doente despertar de modo espontâneo para sua cura apenas transferências ternas e amistosas; quando isso não pode ocorrer, ele se liberta o mais rápido possível, sem ser influenciado pelo médico, que não lhe é "simpático". Em compensação, na psicanálise – correspondendo a uma diferente constituição de motivos – todas as moções, mesmo as hostis, são despertadas, aproveitadas na análise mediante sua conscientização e, nesse processo, a transferência é repetidamente aniquilada. A transferência, destinada a se tornar o maior obstáculo à psicanálise, torna-se seu mais

IV. Posfácio

poderoso auxiliar quando se consegue adivinhá-la em cada caso e traduzi-la para o paciente.[3]

Tive de falar da transferência pois só mediante esse fator consigo esclarecer as particularidades da análise de Dora. Aquilo que constitui a vantagem dessa análise e a faz parecer adequada para uma primeira e introdutória publicação – a sua especial transparência – está intimamente ligado com sua grande deficiência, que levou à sua interrupção prematura. Não consegui dominar a transferência a tempo; devido à prontidão com que Dora colocou à minha disposição no tratamento uma parte do material patogênico, esqueci-me da cautela de atentar aos primeiros sinais da transferência, que ela preparava com outra parte do mesmo material, que me permanecera desconhecida. No início, era claro que na fantasia dela eu substituía o pai, o que também era natural considerando nossa diferença de idade. Ela também sempre me comparava conscientemente com ele, buscava assegurar-se, ressabiada, de que eu era inteiramente sincero em relação a ela, pois o pai "preferia sempre os segredinhos e os desvios tortuosos". Quando então sobreveio o primeiro sonho, no qual ela se alertava para abandonar o tratamento tal como abandonara no passado a casa do sr. K., eu próprio deveria ter ficado alerta e chamado a atenção dela: "Agora a senhorita fez uma transferência do sr. K. a mim. A senhorita percebeu alguma coisa que lhe permita inferir intenções maldosas semelhantes (de maneira direta

---

3. [*Acréscimo de 1923:*] O que aqui se diz sobre a transferência encontra sua continuação no artigo técnico sobre o "amor transferencial" (1915 *a*).

ou numa sublimação qualquer) às do sr. K.? Ou algo em mim chamou sua atenção, ou a senhorita soube algo sobre mim que force a sua afeição, como ocorreu no passado no caso do sr. K.?". Então a atenção dela teria se dirigido a um detalhe qualquer de nossa relação, em minha pessoa ou em minhas condições, por trás do qual se ocultasse algo análogo, mas incomparavelmente mais importante, relativo ao sr. K., e pela resolução dessa transferência a análise teria obtido acesso a novo material de lembranças, provavelmente factual. Mas não dei ouvidos a esse primeiro alerta, achei que havia tempo suficiente, visto que não tinham aparecido outras fases da transferência e o material para a análise ainda não se esgotara. Fui assim surpreendido pela transferência e, devido ao *X* pelo qual eu a lembrava do sr. K., ela se vingou de mim tal como queria se vingar do sr. K. e me abandonou do mesmo modo como se julgara enganada e abandonada por ele. Dessa forma, ela *colocou em ato* uma parte essencial de suas lembranças e fantasias em vez de reproduzi-la no tratamento. Naturalmente, não tenho como saber o que era esse *X*: presumo que se referia a dinheiro ou que era ciúme de outra paciente que, após sua cura, permanecera em contato com minha família. Quando as transferências se deixam inserir prematuramente na análise, o transcurso desta se torna obscuro e lento, mas sua existência é mais bem assegurada contra resistências súbitas e invencíveis.

No segundo sonho de Dora, a transferência é representada por várias alusões claras. Quando ela o relatou, eu ainda não sabia – soube-o apenas dois dias depois – que tínhamos diante de nós apenas mais *duas horas* de trabalho,

IV. Posfácio

o mesmo tempo que ela passara diante do quadro da Madona Sistina e que, mediante uma correção (duas horas em vez de duas horas e meia), ela também transformara em medida do caminho que não percorrera em torno do lago. O ansiar e o esperar no sonho, que se referia ao jovem na Alemanha e que provinha do fato de esperar até que o sr. K. pudesse casar-se com ela, já se manifestara alguns dias antes na transferência: para ela, o tratamento estava demorando demais, ela não teria a paciência de esperar tanto tempo, ao passo que nas primeiras semanas mostrara compreensão suficiente para ouvir sem tal objeção meu anúncio de que seu completo restabelecimento exigiria cerca de um ano.

A recusa de companhia no sonho, o fato de preferir andar sozinha, o que igualmente provinha da visita à galeria de Dresden, era algo de que eu tomaria conhecimento no dia destinado para tanto. O sentido dessa recusa provavelmente era este: "Já que todos os homens são tão abomináveis, prefiro não me casar. Essa é minha vingança".[4]

---

4. Quanto mais me afasto temporalmente do término dessa análise, tanto mais provável me parece que meu erro técnico tenha consistido na seguinte omissão: deixei de conjecturar e comunicar a tempo à paciente que a moção amorosa homossexual (ginecófila) pela sra. K. era a mais forte das correntes inconscientes de sua vida psíquica. Eu deveria ter conjecturado que pessoa alguma senão a sra. K. podia ser a fonte principal para o conhecimento que ela tinha de coisas sexuais, a mesma pessoa pela qual fora acusada de ter interesse por tais assuntos. Afinal, era chamativo demais ela saber de todo tipo de coisas indecentes e jamais querer saber de onde o sabia. Eu deveria ter partido desse enigma, deveria ter buscado o motivo desse estranho recalcamento. O segundo sonho o teria revelado. A impiedosa sede de vingança expressa por esse sonho era apropriada como nenhuma outra coisa para ocultar a corrente oposta: a generosidade com que ela perdoou a (continua)

Quando moções de crueldade e motivos de vingança, que já são usados na vida da paciente para manter os sintomas, se transferem ao médico durante o tratamento antes que ele tenha tido tempo de separá-los de sua pessoa reconduzindo-os a suas fontes, não causará espanto que o estado das doentes não mostre a influência de seu esforço terapêutico. Pois como a doente poderia se vingar de maneira mais efetiva senão ao demonstrar em sua pessoa o quanto o médico é impotente e incapaz? Ainda assim, estou inclinado a não minimizar o valor terapêutico de tratamentos que, como o de Dora, foram tão fragmentários.

Apenas um ano e três meses após a conclusão do tratamento e deste registro obtive notícia do estado de minha paciente e, assim, do desfecho do tratamento. Numa data não inteiramente indiferente, 1º de abril – sabemos que indicações de tempo nunca eram desprovidas de sentido para ela –, Dora apareceu em meu consultório para terminar sua história e pedir ajuda outra vez: mas uma olhada em seu rosto me revelou que ela não levava esse pedido a sério. Durante quatro ou cinco semanas depois de abandonar o tratamento ela ainda estivera "em desordem", segundo disse. Então ocorreu uma grande melhora, os ataques se tornaram mais raros, ela cobrou novo ânimo. Em maio do ano anterior morreu um dos filhos do casal K., filho este que

---

(cont.) traição da querida amiga e escondeu de todos que essa mesma amiga lhe fizera as revelações cujo conhecimento foi depois aproveitado para lançar suspeitas sobre ela. Antes de reconhecer a importância da corrente homossexual nos psiconeuróticos, muitas vezes perdi o fio da meada ou caí em completa perplexidade no tratamento de casos.

sempre fora adoentado. Ela tomou esse falecimento como pretexto para fazer uma visita de condolências aos K., sendo recebida por eles como se nesses três últimos anos nada tivesse acontecido. Nessa ocasião, ela se reconciliou com eles, vingou-se deles e levou seu assunto a uma conclusão que lhe era satisfatória. Ela disse à mulher: "Sei que tens uma relação com o papai", e esta não negou. Ela induziu o homem a admitir a cena do lago, antes contestada por ele, e levou essa notícia, que a escusava, ao pai. Ela não retomou mais a relação com a família.

As coisas, então, foram muito bem para ela até meados de outubro, aproximadamente a época em que teve um novo ataque de afonia, que perdurou por seis semanas. Surpreendido por essa informação, pergunto se houve um motivo para tanto e ouço que o ataque se seguiu a um violento susto. Ela viu alguém sendo atropelado por um veículo. Por fim, disse que o acidente não atingira ninguém mais, ninguém menos que o sr. K. Ela o encontrou certo dia na rua; ele veio ao encontro dela num lugar de trânsito intenso, ficou parado diante dela como se estivesse desnorteado e, nesse estado de ausência, deixou-se jogar ao chão por um veículo.[5] De resto, ela se convenceu de que ele escapou sem ferimentos graves. Ela ainda fica ligeiramente agitada quando ouve falar da relação do pai com a sra. K., na qual, aliás, não se intromete mais. Ela vive para seus estudos, não pensa em casar-se.

Ela procurou minha ajuda devido a uma neuralgia facial do lado direito que agora persiste dia e noite.

---

5. Uma interessante contribuição ao tema da tentativa indireta de suicídio, abordado em minha *Psicopatologia da vida cotidiana*.

– Desde quando?

– Desde exatos catorze dias.[6] Tive de sorrir, pois podia demonstrar-lhe que há exatos catorze dias ela lera no jornal uma notícia a meu respeito, o que ela também confirmou (1902).[7] A suposta neuralgia facial correspondia assim a uma autopunição, ao remorso pela bofetada que dera daquela vez no sr. K. e pela transferência vingativa, daí oriunda, a mim. Não sei que tipo de ajuda ela queria pedir-me, mas prometi que iria perdoá-la pelo fato de privar-me da satisfação de livrá-la muito mais radicalmente de sua enfermidade.

Já se passaram anos desde a visita. Desde então, a moça se casou, mais exatamente com aquele jovem que, se não muito me engano, era mencionado pelas ocorrências dela no início da análise do segundo sonho.[8] Tal como o primeiro sonho indicava o afastamento em relação ao homem amado e o refúgio junto ao pai – ou seja, a fuga da vida rumo à doença –, da mesma forma esse segundo sonho anunciava que ela se libertaria do pai e que seria reconquistada pela vida.

---

6. Ver na análise do segundo sonho o significado desse prazo e sua relação com o tema da vingança.
7. A notícia sem dúvida se referia à nomeação de Freud como professor extraordinário em março daquele ano. (N.E.)
8. Nas edições de 1909, 1912 e 1921 constava nesse trecho a seguinte observação: "Segundo soube mais tarde, essa suposição estava errada". (N.E.)

Bibliografia[1]

Bloch, I. *Beiträge zur Ätiologie der Psychopathia sexualis* [Contribuições à etiologia da psychopathia sexualis]. 2 vols. Dresden, 1902-1903. (96)

Deutsch, F. "A Footnote to Freud's 'Fragment of an Analysis of a Case of Hysteria'" ["Uma nota de rodapé ao *Fragmento de uma análise de histeria*, de Freud"]. *Psychoanal. Q.*, vol. 26, p. 159, 1957. (48)

Fliess, W. *Neue Beiträge und Therapie der nasalen Reflexneurose* [Novas contribuições e terapia da neurose nasal reflexa]. Wien, 1892. (131)

_____. "Die nasale Reflexneurose" ["A neurose nasal reflexa"]. In: *Verhandlungen des Kongresses für innere Medizin* [Debates do congresso de medicina interna]. Wiesbaden, 1893, p. 384. (131)

Freud, S. e Breuer, J. *Studien über Hysterie* [Estudos sobre a histeria]. *Gesammelte Werke*, vol. 1, p. 75, 1895 d. (39, 45, 61)

Freud, S. "L'hérédité et l'étiologie des nevroses" ["A hereditariedade e a etiologia das neuroses"]. *GW*, vol. 1, p. 407, 1896 a. (56)

---

1. Os números entre parênteses ao final de cada entrada indicam a(s) página(s) em que a obra é mencionada no presente livro; no caso de autores com mais de uma obra, estas aparecem ordenadas cronologicamente. (N.T.)

_____. "Zur Ätiologie der Hysterie" ["Sobre a etiologia da histeria"]. *GW*, vol. 1, p. 425; *Studienausgabe*, vol. 6, p. 51, 1896 *c*. (39, 66)

_____. *Die Traumdeutung*. *GW*, vol. 2-3; *SA*, vol. 2, 1900 *a*. [*A interpretação dos sonhos*. Trad. Renato Zwick. Porto Alegre: L&PM, 2012.] (43, 49, 103, 117, 141-142, 154, 158, 175)

_____. *Zur Psychopathologie des Alltagslebens*. *GW*, vol. 4, 1901 *b*. [*Sobre a psicopatologia da vida cotidiana*. Trad. Renato Zwick. Porto Alegre: L&PM, 2018.] (128, 185)

_____. *Drei Abhandlungen zur Sexualtheorie* [*Três ensaios sobre a teoria da sexualidade*]. *GW*, vol. 5, p. 29; *SA*, vol. 5, p. 37, 1905 *d*. (96, 103, 134)

_____. "Analyse der Phobie eines fünfjährigen Knaben" ["Análise da fobia de um menino de cinco anos"]. *GW*, vol. 7, p. 243; *SA*, vol. 8, p. 9, 1909 *b*. (48)

_____. "Bemerkungen über einen Fall von Zwangsneurose" ["Observações sobre um caso de neurose obsessiva"]. *GW*, vol. 7, p. 381; *SA*, vol. 7, p. 31, 1909 *d*. (48)

_____. "Psychoanalytische Bemerkungen über einen autobiographisch beschriebenen Fall von Paranoia" ["Observações psicanalíticas sobre um caso de paranoia descrito autobiograficamente"]. *GW*, vol. 8, p. 240; *SA*, vol. 7, p. 133, 1911 *c*. (48)

_____. "Weitere Ratschläge zur Technik der Psychoanalyse: III. Bemerkungen über die Übertragungsliebe"

Bibliografia

["Conselhos adicionais sobre a técnica da psicanálise: III. Observações sobre o amor transferencial"]. *GW*, vol. 10, p. 306; *SA*, Ergänzungsband, p. 217, 1915 *a*. (181)

_____. "Aus der Geschichte einer infantilen Neurose". *GW*, vol. 12, p. 29; *SA*, vol. 8, p. 125, 1918 *b*. [Da história de uma neurose infantil (O homem dos lobos). Trad. Renato Zwick. Porto Alegre: L&PM, 2018.] (48)

Janet, P. *État mental des hystériques*. Vol. 2. Paris, 1894. (176)

Krafft-Ebing, R. von. *Psychopathia sexualis*. 8. ed. Stuttgart, 1893. (95)

Mantegazza, P. *Fisiologia dell' amore* [*Fisiologia do amor*]. 2. ed. Milão, 1875. (63, 111)

Schmidt, R. *Beiträge zur indischen Erotik* [*Contribuições sobre o erotismo hindu*]. Leipzig, 1902. (42)

Wernicke, C. *Grundriß der Psychiatrie* [*Compêndio de psiquiatria*]. Leipzig, 1900. (100)

Colaboradores desta edição

RENATO ZWICK é bacharel em filosofia pela Unijuí e mestre em letras (língua e literatura alemã) pela USP. É tradutor de Nietzsche (*O anticristo*, L&PM, 2008; *Crepúsculo dos ídolos*, L&PM, 2009; e *Além do bem e do mal*, L&PM, 2008), de Rilke (*Os cadernos de Malte Laurids Brigge*, L&PM, 2009), de Freud (*O futuro de uma ilusão*, 2010; *O mal-estar na cultura*, 2010; *A interpretação dos sonhos*, 2012; *Totem e tabu*, 2013; *Psicologia das massas e análise do eu*, 2013; *Compêndio de psicanálise*, 2014, todos publicados pela L&PM Editores) e de Karl Kraus (*Aforismos*, Arquipélago, 2010), e cotradutor de Thomas Mann (*Ouvintes alemães!: discursos contra Hitler (1940-1945)*, Jorge Zahar, 2009).

NOEMI MORITZ KON é psicanalista, membro do Departamento de Psicanálise do Instituto Sedes Sapientiae, mestre e doutora em psicologia social pelo Instituto de Psicologia da USP e autora de *Freud e seu duplo: reflexões entre psicanálise e arte* (Edusp/Fapesp, 1996/2015), *A viagem: da literatura à psicanálise* (Companhia das Letras, 2003), organizadora de *125 contos de Guy de Maupassant* (Companhia das Letras, 2009) e coorganizadora de *O racismo e o negro no Brasil: questões para a psicanálise* (Perspectiva, 2017).

EDSON SOUSA é psicanalista, membro da Associação Psicanalítica de Porto Alegre. É formado em psicologia pela

PUC-RS, com mestrado e doutorado pela Universidade de Paris VII, e pós-doutorado pela Universidade de Paris VII e pela École des Hautes Études en Sciences Sociales de Paris. Pesquisador do CNPq, leciona como professor titular do Departamento de Psicanálise e Psicopatologia e no Pós--graduação em Psicanálise: Clínica e Cultura da UFRGS, onde também coordena, com Maria Cristina Poli, o Laboratório de Pesquisa em Psicanálise, Arte e Política. É autor de *Freud* (Abril, 2005), *Uma invenção da utopia* (Lumme, 2007) e *Sigmund Freud* (com Paulo Endo; L&PM, 2009), além de organizador de *Psicanálise e colonização* (Artes e Ofícios, 1999) e *A invenção da vida* (com Elida Tessler e Abrão Slavutzky; Artes e Ofícios, 2001).

PAULO ENDO é psicanalista e professor do Instituto de Psicologia da USP, com mestrado pela PUC-SP, doutorado pela USP e pós-doutorado pelo Centro Brasileiro de Análise e Planejamento/CAPES. É pesquisador-colaborador do Laboratório de Pesquisa em Psicanálise, Arte e Política da UFRGS e do Laboratório Interdisciplinar de Pesquisa e Intervenção Social da PUC-Rio. É autor de *A violência no coração da cidade* (Escuta/Fapesp, 2005; prêmio Jabuti 2006) e *Sigmund Freud* (com Edson Sousa; L&PM, 2009), e organizador de *Novas contribuições metapsicológicas à clínica psicanalítica* (Cabral Editora, 2003).

lepmeditores
www.lpm.com.br
o site que conta tudo

IMPRESSÃO:

PALLOTTI
GRÁFICA

Santa Maria - RS | Fone: (55) 3220.4500
www.graficapallotti.com.br